LA COMÉDIE

DE

L'APOTRE

PAR

CHAMPFLEURY

PARIS

E. DENTU, ÉDITEUR
Libraire de la Société des Gens de Lettres
PALAIS-ROYAL, 15, 17 ET 19, GALERIE D'ORLÉANS
—
1886

LA COMÉDIE
DE L'APOTRE

LA COMÉDIE
DE L'APOTRE

PAR

CHAMPFLEURY

PARIS

E. DENTU, ÉDITEUR

Libraire de la Société des Gens de Lettres

PALAIS-ROYAL, 15, 17 ET 19, GALERIE D'ORLÉANS

—

1886

CECI N'EST PAS DU THÉATRE

A mon ami Arthur Stevens.

Robespierre, voulant raviver les formes et l'appellation de l'ancien culte, décréta la création de l'Être-Suprême; malgré son apparence de majesté, cette création ne put s'imposer à la nation et sembla sombrer à jamais avec les diverses tentatives théophilanthropiques d'une époque aux prises avec un renouvellement profond de toutes choses moins hiératiques.

Pourtant l'Être-Suprême a reparu au

demi-siècle puissant, considérable et considéré. Modifié dans son essence, il est vrai, non plus religieux mais civil, il dicte sa volonté à tous et fait ployer sous sa domination les hommes qui aspirent au pouvoir, car l'Être-Suprême actuel, c'est le peuple.

Des affamés de popularité lui répètent sans cesse sur tous les tons qu'il est grand, généreux, omnipotent, et le peuple, dans sa naïveté, les croit. Or le peuple, avec son entourage de courtisans plus empressés que ceux de Louis XIV, s'il dispose de millions de voix, se laisse entraîner par des milliers d'utopies; aussi sa puissance, sa faiblesse, ses aspirations loyales, ses déconvenues quotidiennes, sa crédulité d'enfant, ses défiances, le bandeau que ses thuriféraires lui attachent sur les yeux, devaient tenter plus d'un satirique.

— VII —

Mais ce Protée, par ses évolutions diverses, est un personnage fort difficile à peindre; les actes auxquels il se livre sont si complexes que toute action à laquelle il est mêlé se transforme sans cesse en un panorama mouvant. De cet ensemble on peut extraire cependant quelques épisodes, et entre ceux-là, il faut compter la grandeur et la décadence des sectes qui forment le cortège de l'Utopie. Une mine inépuisable de comique. Si le drame assombrit un des profils du masque géminé de l'éternelle Utopie, le rire satirique de la comédie est nettement inscrit sur l'autre face.

Il eût été imprudent toutefois de songer à représenter sur la scène française les actes de l'Être-Suprême, et la puissance d'un Aristophane eût à peine suffi pour faire passer quelques railleries sur l'état « sociologique » des esprits modernes. L'être-Suprême eût jeté du haut du « Paradis » une grêle de projectiles, à laquelle se seraient soustraits difficilement les acteurs, le public et l'auteur.

C'est pourquoi, ainsi que pour d'autres motifs d'ordre secondaire, Ceci n'est pas du théâtre.

*
* *

On jouait à la Comédie-Française, il y a quelques années, une sorte d'idylle campagnarde qui excita de la curiosité les premiers soirs. Cela rompait avec les trois cent quatre-vingt-quatorze combinaisons à l'aide desquelles les faiseurs dramatiques nouent une intrigue, posent une situation et ajustent un dénouement.

Une huitaine après, m'étant rencontré avec un acteur qui, dans une certaine mesure, avait contribué à la réussite du drame, je le complimentai; mais mon homme resta froid.

— Ce n'est pas du théâtre, me dit-il d'un ton méprisant.

Je le regardai, un peu surpris de voir un comédien qui consentait à jouer quelque chose qui n'était pas du théâtre.

Quinze jours plus tard le succès de la pièce s'affirma : l'idylle l'emportait momentanément sur l'adultère pour lequel les cuisiniers dramatiques ont inventé tant de sauces jaunes et troubles.

— Vous devez être satisfait? dis-je au secrétaire de l'administration.

Il me regarda d'un air affligé.

— Hélas! nous le serions tous... (et se penchant vers mon oreille, il ajouta avec un ton de confidence navrée) : entre nous, ce n'est pas du théâtre!

a.

— x —

Le directeur avait fait quelques efforts pour mettre en scène l'idylle avec son essence printanière; il n'en avait pas moins le cœur bourrelé de remords d'avoir osé faire jouer une œuvre « qui n'était pas du théâtre »; aussi se cachait-il pour échapper aux justes reproches des fournisseurs habituels qui brandissaient de menaçants manuscrits, en s'écriant : — Voilà qui est du théâtre!

*
* *

On s'expliquera dès lors pourquoi certains écrivains doués du sens précieux du comique, mais repoussés de la scène quand on eût dû les prier d'y apporter leurs qualités vivaces, se retirent découragés par le tas de faiseurs qui accaparent le théâtre et en barricadent soigneusement les issues.

Tel n'est pourtant pas le cas actuel.

Autant par insouciance que par mépris des règles, *la Comédie de l'Apôtre* est restée vierge de tous rapports avec les personnes chargées d'expertiser la forme dramatique.

Le scénario n'a pas attendu de longues heures dans la loge empestée d'un concierge de théâtre, avant d'aller grossir le tas de manuscrits débordant de cartons délabrés.

On n'a pas cherché à insinuer à quelque comédien en renom que sa réputation, déjà immense, serait augmentée dans une proportion notoirement considérable si des étincelles jaillissaient à chaque mot du dialogue, grâce à son concours éclatant.

Les honorables et vieilles ganaches des comités de réception n'ont pas, dans une demi-somnolence, supputé si la comédie en prose n'eût pas gagné à être présentée sous la majestueuse forme de vers olympiens.

Il eût été utile, en outre, d'obtenir une lecture dans le salon de quelque Muse remuante et d'exciter la curiosité de ses invités à l'aide de fragments habilement choisis. L'unique confident de *la Comédie de l'Apôtre* fut le tiroir dans lequel elle resta enfermée bien des années.

Mais existe-t-il un être plus difficile à persuader que le directeur de théâtre? Pénétré de son mandat, à peine entré dans son cabinet, ce personnage, doué de presque autant d'intelligence que le Bottom du *Songe d'une nuit d'été,* se couvre d'une tête d'âne et, agitant ses larges appendices poilus, lui seul prétend avoir l'oreille du public.

* * *

J'ai eu, encore jeune, la bonne fortune

relative d'être momentanément à la tête d'un théâtre.

Or, voici ce qui arriva. On m'avait signalé les pérégrinations d'une farce amusante qu'avaient refusée successivement les directeurs des Variétés, du Vaudeville et du Palais-Royal. Je réussis à me procurer cette épave. En une heure, je lus le manuscrit; le temps de courir chez l'auteur, la pièce appartenait à mon petit théâtre.

— Que ces directeurs sont bouchés! pensais-je, très heureux toutefois de profiter de leur indifférence et des bâtons qu'ils jettent dans les roues de tout écrivain étranger à leur monde. Et comme je bâtissais des châteaux en Espagne pour y loger l'amusant ouvrage, pendant une huitaine je ne cessai de parler à mes comédiens d'une farce qui leur permettrait de s'affirmer dans la voie du comique.

La lecture devait avoir lieu à quelques jours de là; la veille je relus le manuscrit pour m'en bien pénétrer.

Chose singulière, une impression de froideur succéda à mon premier enthousiasme; le comique des situations s'était altéré de même que les traits, si spirituels quinze jours auparavant, me semblaient émoussés. Une sorte de pénétrant brouillard jaune, le brouillard du doute et de l'ennui, s'échappait de chaque feuillet du manuscrit.

Tout à coup j'entendis dans le fond de mon cabinet quelques grognements étranges, pendant que d'une fumée épaisse se détachait une énorme et fantastique tête d'âne qui, agitant des oreilles menaçantes, ne cessait de braire la formule sacramentelle : — *Ce n'est pas du théâtre!*

Épouvanté, je laissai tomber le manuscrit et m'enfuis à jamais d'un endroit qui, en un mois, avait changé si radicalement ma façon de voir, de sentir, de comprendre pour me laisser, pieds et poings liés, à la merci de l'affreux Bottom.

Une question de métier a été soulevée à diverses reprises par certains écrivains qui se complaisent à opposer la supériorité du roman à l'infériorité de l'œuvre dramatique. Vaines et vaniteuses discussions de prétendus délicats qui, entichés de leurs imaginations, se fient sur le verdict insaisissable de lecteurs maugréant silencieusement au coin de leur feu, alors que l'auteur, confiant dans les beautés de son œuvre, s'adresse de vigoureuses félicitations personnelles.

Sans vouloir faire de comparaison entre les deux genres, il semble que, depuis trente ans environ, les efforts intellectuels aient été plus profondément marqués au théâtre que dans le livre, qu'on a dépensé en vue de la scène plus de talent, de tenue, plus de respect surtout pour le public; tout ne porte-t-il pas à croire que, dans l'ordre dramatique, de nerveux talents seraient prêts à s'imposer sans les entêtements de l'âne Bottom?

L'auteur dramatique possède une qualité considérable, c'est de ne tenir nul compte des accessoires physiologiques et pathologiques, non plus que de l'étalage de la grande névrose hystérique très employée dans les romans de 1886; le poète ne prend pas à témoin monsieur Charcot de l'importance scientifique de sa mission; il laisse de côté le pessimisme, le nihilisme littéraires et autres importations étrangères du moment, que ne supporterait pas un instant le public venu pour s'intéresser à une œuvre pathétique ou comique. C'est que le théâtre n'admet ni le factice, ni le faux, ni le malsain, et que le spectateur reste froid si l'auteur ne fait vibrer en lui les cordes du sentiment, de la passion et du dramatique.

Malheureusement « l'*Apôtre* » se présente tel qu'il a été conçu dans son essence première, sans concessions à la fabrication du jour. Il en paraîtra sans doute d'autant plus naïf et barbare, violant toutes les règles et marchant en vagabond dans les plates-bandes d'une mise en scène aussi nettement réglée que les jardins du palais de Versailles.

Plus que jamais je me suis laissé aller à ma fantaisie, ayant foi dans les cinq à six mille lecteurs qui m'ont, depuis bientôt quarante ans, suivi dans les divers sentiers où il me plaisait de les conduire, et à mon tour je leur dis : « *Ceci n'est pas du théâtre* ».

Suivant l'Évangile de M. Renan « la forme du dialogue est, dans l'état actuel de l'esprit humain, la seule qui puisse convenir à l'exposition des idées philosophiques (1) ». Combien de grimauds pourraient se dire philosophes et se prévaloir de cette prétendue préexcellence du dialogue! A une semblable définition je préfère celle du poëte parlant des ouvrages « qui sont jouables seulement au théâtre idéal que tout homme a dans l'esprit ».

(1) *Le prêtre de Nemi, drame philosophique.* Paris, 1866.

J'ai toutefois hésité longtemps avant de publier ces scènes, quoiqu'elles eussent une portée quasi-applicable aux tourmentes sociales actuelles. Le pourquoi de cette œuvre ne gît-il pas dans la secousse des esprits qui, depuis un demi-siècle bientôt, s'augmentant sans cesse, se terminera peut-être dans l'avenir par un violent bouleversement social que les minorités ne dissimulent pas?

Avec certains esprits inquiets je me suis demandé plus d'une fois combien pourraient retarder l'éclatement de la chaudière les divers moyens de compression employés jusqu'ici.

Je laisse à d'autres plus autorisés de pronostiquer sur le sort des anciennes sociétés ; *la Comédie de l'Apôtre* montre ce qu'on peut attendre des nouvelles et le sort qui fatalement attend leurs fondateurs.

Pour moi, prosterné aux pieds de la

Crédulité, cette déesse immuable qui trompe les humains depuis le commencement du monde, je l'ai conjurée de m'être propice et de me prêter sa salière pour en jeter quelques grains sur *la Comédie de l'Apôtre*.

CHAMPFLEURY.

I

QUELQUES AMIS DU PROGRES

A PONT-SAINT-PIERRE

LA
COMÉDIE DE L'APOTRE

Une chambre de maison bourgeoise en province. — Aux murs le portrait de l'apôtre.

SCÈNE PREMIÈRE

MARTHE travaille à une broderie. AMICIE, puis LÉTOCART

AMICIE, en peignoir, coiffée à l'enfant, passe la tête dans l'entre-bâillement de la porte de son appartement.

Marthe, le journal est-il arrivé ?

MARTHE

Pas encore, ma tante... Comment vous portez-vous ce matin ?

AMICIE

Mal, tant que le journal n'arrivera pas. (Elle referme la porte brusquement.)

LÉTOCART apparaît par la porte opposée, la figure à moitié savonnée; il tient un rasoir.

Marthe, le journal est-il arrivé ?

MARTHE

Pas encore, mon père... Avez-vous passé une bonne nuit ?

LÉTOCART

Tu auras soin de m'apporter le journal aussitôt que le facteur sera venu. Tu m'entends ?

MARTHE

Oui, mon père.

LÉTOCART, il ferme la porte et la rouvre brusquement.

Je tiens à lire le premier mon journal... Ta tante Amicie s'en empare depuis quelque temps, sans même m'en demander l'autorisation; oui, elle pousse l'indiscrétion jusqu'à déchirer une bande qui n'est pas à son nom. C'est intolérable... Qui est-ce qui est abonné au journal? Moi, n'est-ce pas?... Eh bien, un abonné a le droit de lire son journal en premier... (Il continue à se raser.) Tiens, je viens de me couper, tant la conduite de ma sœur m'indigne... Je rentre finir ma barbe... N'oublie pas le journal surtout.

MARTHE

Je vous l'apporterai immédiatement, mon père.
(Létocart rentre dans sa chambre.)

SCÈNE II

MARTHE, AMICIE

AMICIE, habillée.

Marthe, le facteur n'est donc pas encore venu?

MARTHE

Non, ma tante.

AMICIE

J'avais cru entendre la sonnette. Le facteur est en retard aujourd'hui...

MARTHE, regardant à la pendule.

Huit heures ne sont pas sonnées.

AMICIE

Et il y a déjà plus de douze heures que ce journal est distribué à Paris! Ah! la province! Quel ennui! Nous sommes en arrière de tout, sur tout...

MARTHE

C'est ce que dit la femme du receveur-général ; elle se plaint d'être obligée d'aller à Paris pour commander ses chapeaux.

AMICIE

Des chapeaux! Des chapeaux! Quels sentiments déplorables! J'en rougis pour vous, ma nièce! Ainsi vous ne voyez dans l'internement provincial qu'une question de toilette.

MARTHE

Mais, ma tante, je vous répète ce que j'entends dire à toutes les dames.

AMICIE

Et je travaille à augmenter les droits de la femme ! Que par mes efforts je leur obtienne plus de liberté, elles en profiteront pour s'acheter trois fois plus de rubans qu'auparavant ! Ma nièce, je vous le répète, vous avez reçu une déplorable éducation.

MARTHE

Mais, ma tante, je ne tiens pas tant à la toilette.

AMICIE

Est-ce que je ne vous surprends pas le matin devant votre miroir, affairée, occupée à tordre et détordre ces cheveux inutiles.

MARTHE

Inutiles ?...

AMICIE

Regardez si j'ai besoin de coiffeur, de miroir,

de pommade. (Elle passe la main dans ses cheveux.) Un simple coup de peigne le matin, je suis prête.

MARTHE

Oh! je ne tiens pas à faire couper mes cheveux.

AMICIE

Parce que vous êtes pleine de vanité... Ne me trouvez-vous pas bien ainsi?

MARTHE

Pardonnez-moi, ma tante. Mais je croyais que les cheveux de femme n'étaient pas faits pour être coupés.

AMICIE

Et les cheveux d'homme?

MARTHE

Les hommes font comme ils l'entendent.

AMICIE

Les hommes ont raison dans certains cas : s'ils n'avaient pas asservi la femme, ils auraient

toujours raison. Eh bien, ma nièce, ils se sont
dit que l'entretien de la coiffure était du temps
perdu; alors ils ont porté les cheveux courts.
Je fais comme eux, moi, parce que j'emprunte à
l'homme tout ce qui me paraît bon et utile...
Bon, voilà huit heures et le journal n'arrive pas...
Que peut faire ce maudit facteur? Je n'y tiens
plus... Je vais au-devant de lui. (Elle sort.)

SCÈNE III

MARTHE puis LÉTOCART

Ma tante... (Elle l'appelle). Et mon père qui m'a tant
recommandé de lui porter ce journal! (Elle court à la
porte). Ma tante!... Elle ne m'entend pas, elle court
dans la rue...

LÉTOCART, entrant.

Huit heures cinq et le facteur n'est pas arrivé!
Que le service de la poste est mal fait à Pont-
Saint-Pierre! On devrait distribuer d'abord les
journaux, les lettres ensuite, car enfin les affaires

particulières ne marchent qu'en second ordre...
Je les vois d'ici à la poste, triant un tas de
lettres inutiles, des bavardages... Tandis que les
journaux s'adressent aux citoyens qui attendent
chaque matin une certaine somme de faits pour y
réfléchir toute la journée... Comment se fait-il
que je ne voie pas ta tante?

MARTHE

Ma tante... (Avec hésitation). Elle se promène...

LÉTOCART

Amicie a raison... Rien ne vaut mieux pour
elle que l'air du matin... Au moins je pourrai lire
mon journal tranquillement.

SCÈNE IV

LÉTOCART, MARTHE, AMICIE,
entrant un journal à la main.

AMICIE

Il va venir, nous l'aurons!..

LÉTOCART

Comment, mon journal !

AMICIE

Ah ! mon frère, quel événement ?

LÉTOCART, cherchant à prendre le journal.

Mais je n'ai pas entendu le facteur...

AMICIE

Je suis allée au-devant de lui... Et je vous rapporte des nouvelles qui comptent... Quelle bienheureuse surprise !...

LÉTOCART, tendant les mains vers le journal.

S'il vous plaît, ma sœur.

AMICIE, reculant.

Je suffoque de joie... Il est question de vous, mon frère, dans la petite correspondance.

LÉTOCART, avançant les mains.

Je voudrais lire.

AMICIE

Oh! ce ne sont pas des ingrats! Ils parlent d'effusion.

LÉTOCART *cherche toujours à prendre le journal.*

Ah!

AMICIE

Mais ce n'est pas tout.

LÉTOCART

Elle me fera mourir... Prêtez-moi le journal une minute, ma sœur.

AMICIE

Oui, tout de suite. (Elle lit.)

LÉTOCART *la suit en essayant de lire par-dessus son épaule.*

Elle ne le lâchera pas... Amicie?

AMICIE

Quelle généreuse idée vous avez eue, mon frère, de faire ce léger sacrifice en faveur de la colonie...

LÉTOCART

Je bous d'impatience!... C'est pourtant mon journal! Est-ce fini, ma sœur?

AMICIE

A l'instant. (Elle s'assied sur un fauteuil et déploie le journal tout grand. Létocart essaie de lire la première page pendant qu'Amicie lit l'autre.)

LÉTOCART

Je ne vois que des nouvelles étrangères... Cela ne m'intéresse pas. Enfin je le tiens... (Il s'empare d'un coin du journal.)

AMICIE se lève, le journal déployé.

Pas encore... Tout à l'heure vous lirez à votre aise...

LÉTOCART, exaspéré.

Tout à l'heure!

AMICIE, courant dans l'appartement.

Oui, vous me gênez... A deux on ne lit pas avec fruit. (Elle s'assied dans un autre coin, poursuivie par Létocart.)

LÉTOCART

C'en est trop. (Il se précipite sur Amicie et tire le journal qui se déchire par la moitié.)

AMICIE

Oh ! vous l'avez déchiré... Cela n'est pas honnête.

LÉTOCART, au comble de l'indignation.

Les femmes ont mieux à faire que de lire les journaux.

AMICIE

Létocart ! qu'avez-vous dit là ?

LÉTOCART

Ce que je pense...

AMICIE

D'un mot vous brisez toutes mes croyances. Comment, vous qui jusqu'ici avez soutenu l'égalité des sexes !... Non, vous n'êtes pas digne de lire ce journal, vous ne le comprenez pas...; vous n'avez jamais compris les tentatives d'enseignement de ses généreux fondateurs.

LÉTOCART

Amicie, malgré vos invectives, je continuerai à soutenir l'égalité des sexes...

AMICIE

Alors, rendez-moi le journal?

LÉTOCART

Qui est-ce qui est abonné au journal? Qui a payé le dernier semestre de vingt-sept francs cinquante?

AMICIE

Vous raisonnez comme un vil propriétaire... Ah! ma pauvre Marthe, ton père aura bien de la peine à se débarrasser de ses affreux préjugés.
(Elle s'assied près de Marthe.)

MARTHE

Ma tante, ne faites pas attention.

LÉTOCART, il lit.

Voilà qui me regarde... Quelle ingénieuse idée ont eue les rédacteurs de répondre à leurs abonnés par quelques lignes à la fin du journal!

AMICIE

Quand je verrai un de ces messieurs, je le renseignerai sur votre brutalité.

LÉTOCART, lisant.

A M. L..., à P. S. P. C'est bien de moi dont il s'agit : *L...* Létocart, *à P. S. P...* à Pont-Saint-Pierre. *Merci, ami. Reçu les trois mille francs. Confiance sans bornes, propagande toujours.*

AMICIE

Ce n'est pas à l'aide des femmes, si vous les traitez ainsi, que vous ferez de la propagande.

LÉTOCART

Il n'y a que deux simples mots, mais touchants. *Merci, ami!* Ah! si j'étais plus riche, j'aurais voulu jeter des millions dans cette colonie qui se fonde en Amérique...

AMICIE

Je suis trop bonne, mais je vous avertis que la seconde page contient une lettre admirable d'un des émigrants. Voilà un sort que j'envie... Ce ne sont pas des hommes de votre essence, mon frère. Comme ils ont compris la parole du maître !.. On leur a dit avant de s'embarquer : Au moment de quitter l'Ancien Monde, jurez de vous dépouiller de tous vos vices et de toutes les ruses que fait naître la civilisation, et ils ont fait peau neuve... Je suis certain que le plus mal élevé d'entre eux ne se fût pas permis d'enlever un journal d'une façon si grossière.

LÉTOCART

Ma sœur, la rancune vous pousse trop loin. Vous savez que j'ai fait un sacrifice pour la cause en envoyant trois mille francs ; comme ces émigrants vont devenir vertueux au lieu de vicieux qu'ils étaient, mes trois mille francs y sont pour quelque chose, et j'ai le droit de m'applaudir d'avoir contribué pour une certaine part à cette salutaire transformation.

AMICIE

Vous faites vraiment trop étalage d'un léger sacrifice...

LÉTOCARD

Trois mille francs ! Un léger sacrifice !

AMICIE

On vous en demandera d'autres... Ne fermez pas trop vite les cordons de votre bourse...

LÉTOCART

Peste ! comme vous y allez... avec mon argent.

AMICIE

Il a fallu que d'autres souscripteurs plus importants vous aient donné l'exemple...

LÉTOCART

Je n'aime pas me lancer à l'aventure, et cependant le journal me dit avec raison : Merci, ami, propagande sans bornes, confiance toujours... Je suis certain que Marthe est du même avis que moi.

AMICIE

Marthe ne comprend rien à la science sociale... Elle passe son temps à la broderie, un préjugé que lui a inculqué sa mère.

MARTHE

Ma tante...

AMICIE

A ton aise, tu es libre.

LÉTOCART

Mais je n'avais pas lu la suite... Jean Digoneaux nous est annoncé prochainement.

AMICIE

L'apôtre! Dans nos murs?

LÉTOCART

Lui-même... Il va commencer sa propagande dans le département... Ma sœur, que ferons-nous pour lui préparer une réception digne de son apostolat?

AMICIE

Les femmes sont-elles faites pour donner des conseils?

LÉTOCART

Amicie, je vous supplie de ne pas me garder rancune. Que penserait l'apôtre Jean Digoneaux s'il soupçonnait le moindre conflit entre nous.

AMICIE

Je suis d'avis que vous lui offriez votre maison.

LÉTOCART

Toute la maison, c'est beaucoup... Nous lu donnerons votre appartement...

AMICIE

Vous serez toujours égoïste... Qu'importe ! Oui, je serai fière d'offrir ma chambre à l'apôtre et de dire quand il sera parti : « Voilà la chaise sur « laquelle il s'est assis, la table où il a composé « ses hymnes fraternels, le lit dans lequel il a « reposé ses membres fatigués. » Et sur la porte j'écrirai : Ici s'est arrêté l'ardent pionnier d'une nouvelle civilisation !

LÉTOCART

Il faudra songer à le distraire.

AMICIE

L'apôtre ignore les plaisirs du monde. Ce qu'il demande, ce sont des adeptes ; là est sa seule joie. Les esprits sont-ils disposés à bien l'accueillir ?

LÉTOCART

Vous savez, ma sœur, que je fais de la propagande dans la ville le plus que je peux; mais je trouve bien des êtres rétifs.

AMICIE

Cependant, si vous les prépariez à cette bonne nouvelle dès aujourd'hui, peut-être la parole de l'apôtre trouverait-elle des sillons disposés à la recevoir.

LÉTOCART

Je m'en vais tout de suite secouer les indifférents, réchauffer les tièdes afin de préparer une importante réception à Jean Digoneaux. (Il sort et encontre à la porte Mesnager.)

SCÈNE V

LES PRÉCÉDENTS, MESNAGER

LÉTOCART

Mon frère, l'apôtre arrive!

MESNAGER

Quel apôtre ?

LÉTOCART

Jean Digoneaux.

MESNAGER

Je ne le connais pas.

LÉTOCART

Amicie vous expliquera la ferveur de l'homme, ses veilles prolongées, ses nuits passées pour nous rendre meilleurs... Je suis pressé. (Il sort.)

SCÉNE VI

MESNAGER, AMICIE, MARTHE

MESNAGER, à Marthe.

Bonjour, ma nièce. (Il l'embrasse.)

MARTHE

Mon bon oncle.

MESNAGER

Amicie, quel est ce personnage dont mon frère m'entretient?

AMICIE

Vous savez, monsieur Mesnager, que je ne discute plus avec vous... Marthe vous tiendra compagnie... J'ai hâte de terminer une affaire.

MESNAGER

Quelque pièce de poésie ?..

AMICIE

Peut-être, monsieur. (Elle sort.)

SCÈNE VII

MESNAGER, MARTHE

MESNAGER

Que se passe-t-il d'extraordinaire ici? Les cervelles me semblent encore plus en ébullition que d'habitude.

MARTHE

Mon père a appris par son journal qu'un personnage considérable, qu'il appelle l'apôtre, doit arriver prochainement.

MESNAGER

Un apôtre... à Pont-Saint-Pierre... Ma pauvre Marthe, ton père devient de plus en plus bizarre.

MARTHE

Mais, mon oncle, il l'a lu dans son journal.

MESNAGER

Ah! ce fameux journal qui veut changer la face de la société! Ils sont une douzaine d'exploiteurs qui, spéculant sur la sottise humaine, se font donner des rentes par les badauds de province. Ton père n'a-t-il pas envoyé une assez forte somme à ce journal?

MARTHE

Trois mille francs, je crois.

MESNAGER

Son notaire me l'avait confié... Tout le monde le sait dans la ville... Chacun se rit de la naïveté de Létocart... Ma pauvre enfant, c'est toi que je plains, et non ton père. Qu'il se ruine en souscriptions, en achats de brochures, en propagande, tant pis pour lui; mais je crains qu'il n'entame ta dot. Ah! si ta pauvre mère avait vécu plus longtemps, ces désordres ne seraient pas arrivés!

MARTHE

Mon oncle, je vous prie, ayez de l'indulgence pour mon père.

MESNAGER

Bonne et affectueuse créature... Et cependant, malgré toutes les tentatives de ta folle tante, tu n'as pas mordu à ce singulier catéchisme qui ferait tourner la tête de plus d'une femme.

MARTHE

Je crois ce que ma mère m'a enseigné...

MESNAGER

Je le sais... Tu travailles dans la maison, remplaçant ta mère, faisant de l'ordre là où ton père et ta tante créent le désordre ; tu deviendras une excellente compagne pour l'homme qui te choisira, je ne doute pas que tu ne le rendes heureux, mais...

MARTHE

Mais... voilà un vilain mot.

MESNAGER

Eh bien ! ton père t'empêchera de te marier.

MARTHE

Jamais il n'a contrarié ma volonté.

MESNAGER

Je sais que Létocart n'est pas un tyran... Pourquoi faut-il qu'à cinquante ans ton père se soit mis dans la tête ces idées saugrenues dont il ne me paraît pas comprendre la portée ?.. Sans toi, sans ma femme, cent fois je me serais brouillé avec lui.

MARTHE

Mon père est enthousiaste : ce projet lui passera comme tant d'autres pour lesquels il s'enflamme pendant quelques jours.

MESNAGER

Il y a malheureusement trop longtemps que son enthousiasme dure pour ces folies. Quand je pense que ton père a voulu me convertir, qu'il m'a contraint à lire cinquante brochures pour m'éclairer sur la question ! Un système social qui a besoin de tant d'explications n'est pas clair et je n'y ai nulle confiance. Ces billevesées sont bonnes pour ta tante ; elle a toujours eu l'esprit romanesque. Compose-t-elle encore des poésies ?

MARTHE

Je crois qu'elle a envoyé au journal un long poème intitulé *Fleurs et Pleurs,* signé Paméla Souffrant.

MESNAGER

Oh ! Paméla Souffrant ! Ta tante Létocart !

La touchante Paméla ! combien elle a souffert !...
Ce poème a-t-il paru ?

MARTHE

Pas encore... Tous les jours ma tante attend le journal avec impatience pour voir si le poème est imprimé... Mon père même n'en a pas connaissance; elle veut lui en faire la surprise.

MESNAGER

Eh bien ! je crois qu'elle attendra longtemps ses pleurs et ses fleurs, ta tante Paméla Souffrant... Les rédacteurs de ce journal acceptent plus volontiers des rentes que les poèmes de Mlle Létocart... Ta tante te fera encore plus de tort que ton père.

MARTHE

Elle n'a pas mauvais cœur.

MESNAGER

Crois-tu que la famille d'un futur qui se présentera soit ravie de recevoir une parente bizarre avec laquelle il est impossible de s'entendre sur quoi que ce soit... Ne m'a-t-elle pas dit que les femmes devaient avoir place à la Chambre... Oui, ta tante ambitionne la députation et rêve de parler en public; si elle osait, elle s'habillerait en homme... A son âge !

MARTHE

Elle est un peu exagérée, j'en conviens ; mais son cœur est excellent.

MESNAGER

Crois-moi, ma bonne Marthe, si tu peux détourner ton père et ta tante de leurs extravagants projets, en même temps que tu leur rendras un grand service, tu travailleras pour toi-même, pour ton avenir, car si de pareilles chimères prenaient racine dans le cerveau de ton père, elles empêcheraient ton établissement.

MARTHE

Mon oncle !

MESNAGER

Tu ne veux pas rester fille ?

MARTHE

Je dois obéissance à mon père...

MESNAGER

Eh bien, ma chère enfant, je ne connais pas dans le pays de famille que les idées sociales de ton père et de ta tante ne mettent en fuite, dès les premiers mots... Tu ne m'en veux pas de ma franchise?

MARTHE

Oh! mon oncle!

MESNAGER

Viendras-tu à la maison cette après-midi!

MARTHE

Je le voudrais, mon oncle, mais j'ai à surveiller la couturière, la repasseuse...

MESNAGER

Si Paméla Souffrant entendait ces affreux détails de ménage..! J'enverrai ma femme te tenir compagnie...

MARTHE

Adieu! mon oncle. (Elle l'embrasse.)

SCÈNE VIII

MARTHE puis HENRI

MARTHE

Combien j'ai eu de peine à ne pas laisser paraître mes émotions! Ah! que mon oncle a été dur! (Elle pleure.) Chacun de ses mots répondait à une de mes secrètes pensées... A-t-il deviné mon secret?... Je n'ose le croire... Dans quelle situation me jette mon père! Tout ce que disait mon oncle est vrai...

HENRI, entrant par la porte du fond.

Ma chère Marthe! (Il lui embrasse les mains.) Comme tu as l'air triste!

MARTHE, s'essuyant les yeux.

Ce n'est rien, Henri.

HENRI

Rien? Vraiment?

MARTHE, essayant de sourire.

Je pensais, je réfléchissais...

HENRI

Tu n'as pas réfléchi longtemps .. J'ai vu de loin mon père qui certainement sortait d'ici.

MARTHE

Il me quitte à l'instant.

HENRI

Est-ce lui qui a fait rougir mes jolis yeux ?

MARTHE

J'ai peu dormi cette nuit.

HENRI

Comme moi, et cependant je suis heureux d'avoir mal reposé : je pensais à toi, Marthe... Il y en a qui appellent le sommeil; moi, je le repousse de toutes mes forces afin de m'entretenir avec toi, de te regarder plus longtemps... Quand je m'endors, ma chère Marthe, et que ton image ne me suit pas dans le sommeil, c'est une séparation forcée, tandis qu'éveillé je ne te quitte pas d'une seconde... Crois-tu à cet amour que je porte partout avec moi?

MARTHE

Oh! Henri!

HENRI

Et pourtant, ce matin, je crains de prier auprès d'une statue belle, mais indifférente... Est-ce que je te gêne?... Tu sembles contrainte... Ah! j'ai oublié mon bouquet!

MARTHE

Pour un homme qui pense tant à moi, cet oubli est au moins singulier.

HENRI

Pardonne-moi, Marthe... Le jardinier n'avait que de pauvres petites fleurettes.

MARTHE

Mauvaise raison.

HENRI

J'ai craint qu'en allant tous les jours me fournir chez le jardinier, il ne cherchât à découvrir la personne à qui est destiné ce bouquet.

MARTHE

Depuis un an que vous me faites cadeau de fleurs tous les matins, comment se fait-il que cette crainte ne vous soit venue qu'aujourd'hui ?

HENRI

Ainsi, tu m'en veux !

MARTHE

Henri, vous ne m'aimez plus autant.

HENRI, tirant un bouquet caché.

Méchante ! Le voici, le bouquet. (Il embrasse Marthe.)

MARTHE

Henri ! si on nous voyait !

HENRI

Un cousin a bien le droit d'embrasser sa cousine.

MARTHE

Maintenant, asseyez-vous là?... Pas si près... Vous m'empêchez de tirer mon aiguille... Vous savez que je pique quand vous n'êtes pas sage.

HENRI

J'aime mieux être blessé par ton aiguille que par ton joli petit air renfrogné de tout à l'heure.

MARTHE

Avez-vous bien grossoyé hier à votre étude?

HENRI

J'ai supplié le maître-clerc de ne plus me donner que des expéditions à copier : c'est ta faute.

MARTHE

Ma faute?

HENRI

Je commençais à faire un second clerc passable lorsque j'ai senti mon affection augmenter pour toi, Marthe... A partir de ce moment je n'ai plus rien compris au notariat; je suis devenu un simple d'esprit incapable de raisonner procédure, succession, testament... Je trouve le nom de Marthe écrit sous chaque mot; entre chacune des lignes je lis : Marthe, je t'aime ; toujours ma chère Marthe est présente dans cette étude qui jadis sentait les vieux papiers renfermés et qui maintenant embaume depuis que tu m'as permis de t'aimer. On me parle, je n'écoute pas; on se moque de moi, je n'entends pas... Je pense à Marthe... toujours à Marthe... Tout ce que je touche est plein de bévues... Oh! qu'un futur notaire amoureux est un mauvais clerc!... Heureusement le patron met mes fautes sur le compte de la distraction. Distrait! comme il se trompe! Moi qui applique tous mes sens à voir, à regarder, à me souvenir d'une femme bonne, douce et tendre... (Il prend les mains de Marthe.)

MARTHE

Monsieur le complimenteur, tâchez d'être un peu plus distrait auprès de moi ou je vous renvoie.

HENRI

Tu n'es pas assez cruelle pour dire vrai.

MARTHE

Je fais mes conditions... Si, à votre étude, vous ne pensez qu'à moi, auprès de moi pensez un peu à votre étude...

HENRI

Que m'ordonnes-tu, Marthe !

MARTHE

Il faut être raisonnable.

HENRI

Tu parles comme mon père.

MARTHE

En me quittant, mon oncle m'a laissé un peu de son bon sens; il me donnait également les plus affectueux conseils.

HENRI

T'a-t-il parlé de moi ?

MARTHE

Hélas! c'est de moi qu'il a trop parlé.

HENRI

Encore soucieuse, Marthe... Voyons... Parle franchement, tu me caches quelque chose.

MARTHE

Henri, il ne faut plus penser à moi.

HENRI

Ne plus penser à toi! A qui veux-tu que je pense?

MARTHE

A tout le monde, excepté à moi.

HENRI

Ainsi, tous nos projets, vous les brisez comme une enfant gâtée et vous croyez qu'il suffit de me dire : il ne faut plus penser à moi, pour qu'aussitôt l'affection que j'ai pour vous s'efface... Ah! vous êtes moins aimante que je ne le croyais! Songe, ma chère Marthe, que je ne vis que par toi, pour toi... La vie avec Marthe en perspective est une fête perpétuelle... Si tu m'empêches de te dire que je t'aime, je m'en irai seul dans les bois et je le crierai aux oiseaux pour qu'ils te le répètent, je le confierai au vent qui passe et tu entendras souffler à tes oreilles : Marthe, je t'aime ! Je le dirai à toutes les fleurs de ton petit jardin et, quand tu en cueilleras une pour l'attacher à ton corsage, de tendres odeurs répéteront ma confidence...

MARTHE

Fou !...

HENRI

Oui, fou, tout à fait fou, Marthe... Ah ! il ne faut plus penser à toi... N'y pensez plus si je vous déplais déjà, mais je vous défie de m'enlever mes pensées... Vous ne m'aimez plus, mais je t'aime et vous n'avez pas le pouvoir de m'empêcher de vous aimer... Tant pis pour vous si vous avez le cœur sec... Marthe, le mien brûle et n'est pas près de s'éteindre... Vous êtes l'aimée et je suis l'aimant, c'est à moi le beau rôle... Vous prenez en pitié ma folie... Vous me traitez d'insensé, et c'est vous qui souffrirez un jour de votre froideur... Plus tard, quand vous connaîtrez mieux la vie, quand, regardant autour de vous, vous aurez remarqué combien la passion est rare, vous vous direz tristement : Il m'aimait vraiment ! Et vous pleurerez alors sur votre pauvre cœur desséché... (Il s'éloigne. Silence.)

MARTHE

Henri ! (Henri accourt et se jette à ses pieds.)

MARTHE

Combien vous êtes dur...

HENRI

C'est toi qui es sans pitié.

MARTHE

Est-ce moi qui parlais ? N'avez-vous pas entendu la voix de votre père ? C'était lui qui s'exprimait par ma bouche... Cher Henri, est-il possible que j'oublie si vite mes promesses ? Ne vous ai-je pas juré d'être à vous, malgré tout... Oui, nous avons dit malgré tout ; mais nous l'avons dit légèrement, sans réfléchir, sans penser... Votre père a réfléchi pour nous ; il me trouve impossible, Henri... Mon ami, je ne suis pas une fille à marier, je suis la fille d'un père dont les idées choquent toute la ville. Je suis la fille d'un homme qui dépense sa fortune en idées singulières... Je suis la nièce d'une femme près de laquelle on craint de se trouver ; enfin, je ne suis plus une héritière, mais une fille qui, peut-être dans quelques années, ne pourra rien offrir en dot à son époux... Voilà ce que m'a fait entendre votre père, et il n'a pas tout à fait tort.

HENRI

Et que m'importe !... Je n'épouse pas une fortune, je ne cours pas après une dot... J'ai rencontré une femme qui doit me rendre heureux, une amie que j'apprécie depuis mon enfance, dont les sentiments affectueux me sont connus... Elle est bonne, belle, tendre, je ne m'inquiète guère combien elle a de rentes... Elle fera mon bonheur, je le dirai à mon père... Est-ce que je consentirai jamais à épouser une femme qui m'apportera dix mille livres de rentes et un million de déceptions dans l'avenir ? Ma chère Marthe, mon père me comprendra.

MARTHE

Je le souhaite.

HENRI

Ma mère m'aidera à triompher du mauvais vouloir de mon père.

MARTHE

Oui, ta mère, je compte sur elle; elle m'aime comme sa fille; toujours elle s'est efforcée de me faire oublier les récriminations de ma tante... C'est une bonne idée, Henri, confiez-vous à votre mère... le plus tôt possible.

HENRI

Demain...

MARTHE

Aujourd'hui, tout de suite ..

HENRI

En revenant de l'étude, j'emmènerai ma mère au jardin et je lui dirai tout.

MARTHE

A bientôt, Henri.

HENRI

Oui, Marthe, à bientôt.

MARTHE

Je ne vivrai pas d'ici là.

HENRI

Sois confiante, ma chère Marthe. (Il sort.)

SCÈNE IX

MARTHE, puis LÉTOCART

MARTHE

Les illusions d'Henri m'attristent... J'ai de noirs pressentiments. Un rien peut faire éclater des orages entre mon père et mon oncle. Ah! si la tendresse d'une fille et d'une nièce pouvait servir de trait d'union entre deux familles, combien seraient resserrés des liens qui menacent à tout instant de se rompre brutalement.

LÉTOCART, entrant.

La diligence est arrivée, je n'ai vu personne.

MARTHE

Vous cherchez quelqu'un, mon père ?

LÉTOCART

Où est ta tante ? J'ai à lui parler... Appelle-la.

MARTHE

Tout de suite, mon père. (Elle sort.)

SCÈNE X

LÉTOCART, puis AMICIE

LÉTOCART

Ces gens de Pont-Saint-Pierre sont médiocrement disposés à devenir heureux... On me parle de propagande, c'est facile à dire : Propagande, propagande sans bornes !

AMICIE, entrant.

Qu'y a-t-il de nouveau ? J'accours... Quoi, c'est vous, mon frère ! Seul ! Et vous me dérangez pour si peu ?

LÉTOCART

Que vous êtes impatiente, Amicie; il s'agit des intérêts les plus graves...

AMICIE

Ne vous ai-je pas dit qu'une fois entrée dans le pavillon de la verdure pour m'y livrer à mes inspirations poétiques, j'ai donné ordre que personne ne vînt me déranger ? Une strophe ardente était prête à entrer en fusion; le feu de mon cerveau la chauffait et elle allait se répandre en vers sonores, lorsque cette petite Marthe accourt en refroidir l'incandescence.

LÉTOCART

Ma sœur, vous êtes femme...

AMICIE

Non, je ne suis pas femme.

LÉTOCART

Je sais que vous avez une puissance de raisonnement, une virile intelligence qui ont été se loger par mégarde dans le corps d'une femme.

AMICIE

Je vous répète que je ne suis pas femme.

LÉTOCART

Vous êtes digne d'être homme.

AMICIE

Je ne tiens pas à être homme.

LÉTOCART

Ni homme ni femme? Qu'êtes-vous?

AMICIE

Un penseur.

LÉTOCART

Soit. Amicie, vous êtes un penseur, moi aussi je suis un penseur.

AMICIE

Il y a des jours.

LÉTOCART

Plaît-il ?

AMICIE

Vous n'étiez pas un penseur ce matin en m'enlevant brutalement le journal.

LÉTOCART

Ma sœur, je regrette ma vivacité.

AMICIE

En ma qualité de penseur, c'est-à-dire d'être qui reçoit des pensées et les communique, qui les reflète et qui les réfléchit, qui se nourrit d'idées, les digère et en fertilise les intelligences environnantes, j'ai droit autant que vous à lire le journal en premier.

LÉTOCART

Certainement. (A part.) J'irai demain matin à la poste attendre le courrier, et, s'il le faut, je me ferai adresser le journal dans le faubourg. (Haut.) Ces messieurs me recommandant une active propagande, j'ai été faire un tour dans quelques maisons ce matin et je dois avouer que j'ai été reçu avec indifférence.

AMICIE

Parce que vous vous y êtes mal pris. La cause est belle et porte à l'éloquence. Vous n'aurez pas été éloquent.

LÉTOCART

Peut-être par manque d'habitude, mais cela viendra.

AMICIE

Qui avez-vous vu?

LÉTOCART

J'ai pensé à des gens dont les affaires ont mal

tourné, à de certains qui sont mécontents de leur position, à d'autres qui n'aiment pas à travailler parce que la société n'a pas su rendre le travail attrayant.

AMICIE

L'idée était bonne en principe.

LÉTOCART

Ainsi vous êtes satisfaite de moi, Amicie?

AMICIE

Êtes-vous assez avide de compliments!... On dirait une femme... Létocart, je crois que la nature s'est trompée; voyant deux enfants dans le même berceau, elle a donné à la fille le courage de l'homme et au garçon la faiblesse de la femme. Je suis un penseur, vous êtes forcé de le reconnaître ; vous, je ne vous regarde que comme un demi-penseur.

LÉTOCART

Demi-penseur, je le veux bien. (A part.) Il ne faut pas la contrarier. (Haut.) J'ai lu dans la biographie de l'apôtre qu'il avait l'habitude de s'installer dans le premier café venu et, là, de faire une propagande active. Je suis donc allé à son imitation au café de la Comédie, et j'ai trouvé un petit agent-voyer, une forte tête, dit-on, qui inspecte les chemins vicinaux et fait des rapports sur le nombre de mètres carrés de pierres servant à l'entretien des routes.

AMICIE

Cet inspecteur n'inspectait donc pas les chemins, ce matin ?

LÉTOCART

Il inspecte à ses moments de loisir. Il y avait à la même table que lui un avoué, un entrepreneur de travaux et un chapelier. Je leur ai fait part de l'arrivée de l'apôtre, m'attendant que ces gens allaient me sauter au cou et m'étreindre dans de fraternelles accolades ; ils sont restés froids et ont continué à jouer aux cartes.

AMICIE

Et puis ?...

LÉTOCART

Cet accueil m'a déconcerté, je m'en suis allé.

AMICIE

Vous vous êtes conduit comme un commissionnaire.

LÉTOCART

Ma sœur!

AMICIE

Oui, vraiment; on charge sa bonne d'aller prévenir dans telle maison que monsieur un tel est arrivé. Elle y va, répète ce qu'on lui a dit et revient, on ne lui en demande pas davantage; mais vous, vous, Létocart, que le journal remerciait ce matin : *Merci, ami*. Vous à qui on criait : *Courage et propagande sans bornes!* vous allez dans un café pour y annoncer l'arrivée d'une nature exceptionnelle que ces joueurs ne peuvent connaître, abrutis qu'ils sont par les vices de la civilisation, et vous ne cherchez même pas à donner une idée de la doctrine. Il fallait vous écrier : l'apôtre apporte

avec lui la lumière, il vous dessillera les yeux...
Vous vous êtes conduit comme un commissionnaire vulgaire... Je me trompais en vous disant que la nature vous avait confié une âme de femme, c'est tout au plus une âme de servante... Arrière, Létocart, tu n'es pas mon frère.

LÉTOCART

Amicie! Amicie!

SCÈNE XI

MARTHE, LÉTOCART, AMICIE

MARTHE

Mon père, ma tante, voyez donc ce qui se passe sur la place... Entendez-vous le bruit?

AMICIE

En effet... Qu'est-ce? (Elle regarde par la fenêtre.) Ciel! un homme se débat entre des gendarmes... Le commissaire de police veut l'arrêter... L'homme lève les bras dans cette direction.

LÉTOCART

Il semble montrer notre maison.

AMICIE

Que se passe-t-il?... (Bruit de voix au dehors.) On monte l'escalier...

LÉTOCART

Le ministère s'opposerait-il au développement de nos idées sociales?

SCÈNE XII

DIGONEAUX entouré du commissaire de police et de deux gendarmes, LÉTOCART, MARTHE, AMICIE, Curieux.

LE COMMISSAIRE

Vos papiers, monsieur.

DIGONEAUX, *se précipitant vers Amicie et Marthe.*

Je me mets sous la protection des dames.

LÉTOCART

Monsieur le commissaire, de quoi s'agit-il?

LE COMMISSAIRE

Cet homme se recommande de vous, monsieur Létocart.

LÉTOCART

De moi?

DIGONEAUX

Je suis Jean Digoneaux, l'apôtre. (Il écarte les gendarmes.) Arrière, satellites!

LÉTOCART ET AMICIE

L'apôtre! (Ils se précipitent chacun de son côté à ses genoux et embrassent un pan de son caban.)

LE COMMISSAIRE

Je ne connais pas d'apôtre... Vos papiers?

JEAN DIGONEAUX

Mes papiers... Les voilà. (Il tire des petits volumes de son paletot, de son chapeau, de ses poches.) Voilà mes papiers... (Il en donne aux gendarmes, aux curieux, au commissaire.) Savez-vous lire, voilà la vérité. Savez-vous réfléchir, comprenez! *Cri de Résurrection sociale,* (Il leur jette des brochures.) vous êtes morts, frottez-vous l'esprit avec une page de ce petit livre et vous ressusciterez. *Cris et soupirs :* (Il leur donne de nouveaux volumes.) vous vous attendrirez sur le sort de l'apôtre. *Cri d'indignation ;* lisez le cri d'indignation, vous qui ne rougissez pas d'arrêter l'apôtre porteur de paroles de paix... Êtes-vous désarmés, je vous permets d'emporter dans vos familles *le Cri de Délivrance.* (Il distribue de nouvelles brochures.) Et à l'avenir regardez à deux fois avant d'arrêter un missionnaire dont la vie est consacrée au bonheur du genre humain.

LE COMMISSAIRE

Mais enfin?..

AMICIE

J'en réponds, monsieur le commissaire, je réponds de l'apôtre. Jean Digoneaux, vous êtes l'hôte de cette maison. Faites un signe et on vous obéira. Nous sommes dès à présent vos humbles serviteurs... (Elle lui approche un fauteuil et le fait asseoir.) Marthe ! un oreiller !... Comme il est poudreux ! Comme il est fatigué ! Grand apôtre !

LÉTOCART

Marthe, du vin ! C'est aujourd'hui que je regrette de ne pouvoir offrir un palais à celui qui doit tirer la société de l'obscurantisme.

LE COMMISSAIRE

Vous attendiez monsieur, et vous en répondez ?

LÉTOCART

Comme de moi.

LE COMMISSAIRE

Monsieur, je regrette d'avoir été obligé de vous faire escorter ; mais j'ai l'ordre d'arrêter tout citoyen voyageant sans papiers... Les usines des environs sont en grève; j'ai été informé que des meneurs étrangers sont attendus pour exciter la discorde... Du moment que M. Létocart répond de vous, mon ministère est accompli... (Le commissaire et les gendarmes sortent.)

SCÈNE XIII

DIGONEAUX, LÉTOCART, AMICIE, MARTHE

AMICIE

Toujours des baïonnettes, des fusils! Qui nous délivrera de la force armée?

DIGONEAUX

Moi, l'apôtre!

AMICIE

Que votre rêve généreux se réalise bientôt!

DIGONEAUX

Il est tout réalisé. N'avez-vous pas lu l'organisation de la Colonie où une société nouvelle vit sans gouvernement, sans magistrats, sans gendarmes... Nous n'en avons plus besoin, une fois que les hommes, dépouillés de leurs vices, ne volent plus, ne spolient plus, n'asservissent plus.

LÉTOCART

C'est l'âge d'or.

AMICIE

Ne parlez pas de ce vil métal, mon frère; dites l'âge régénérateur.

DIGONEAUX, mangeant.

Les femmes ont dans le langage des délicatesses inconnues aux hommes... Vous l'avez dit, madame...

AMICIE

Mademoiselle...

DIGONEAUX

Je disais madame par politesse... La pureté de vos traits ne démontre-t-elle pas la tranquillité de votre vie, l'absence heureuse d'un mari qui ne vous eût pas laissé la liberté de penser?

AMICIE

Ce sont vos théories contre le mariage qui m'ont ralliée à la cause que vous défendez.

DIGONEAUX

L'immoral mariage où l'homme est tout, la femme rien, le mariage où la femme ne semble une valeur qu'en apportant un certain nombre de zéros à la suite d'un chiffre quelconque.

LÉTOCART

Bravo!

AMICIE

Comme cela est bien dit. Entends-tu, Marthe?

LÉTOCART, à Marthe.

Écoute l'apôtre.

DIGONEAUX

A tout homme jeune qui songe à se faire une position, demandez-lui s'il veut épouser une brune ou une blonde, grande ou petite, mince ou forte, il n'en sait rien. Cherche-t-il une femme à l'intelligence développée, à la volonté virile? Non. Il ne connaît qu'une seule fille au monde, mademoiselle Sacoche. Il le dit sans honte à tout le monde; il répète cyniquement à chacun qu'il veut épouser une demoiselle Sacoche.

AMICIE

Assez, apôtre... Vous mangez à peine... Gardez ces traits brillants; ne les dépensez pas pour nous deux seulement, économisez-les, il faut que toute la ville vous entende.

LÉTOCART

Toutes les demoiselles Sacoche seront pour vous, n'est-ce pas Marthe? C'est ma fille... Avance, Marthe.

DIGONEAUX

Mademoiselle, vous devez avoir sucé de généreux principes, entourée de parents si remarquables par leurs facultés progressives.

AMICIE

C'est une fille positive... Son père l'a trop abandonnée à ses instincts bourgeois.

LÉTOCART

Ma sœur, plusieurs fois j'ai donné à lire à Marthe les *cris* de monsieur...

DIGONEAUX

Ne m'appelez pas monsieur...; c'est encore un de ces mots que nous avons rayé de notre dictionnaire : dites apôtre !

LÉTOCART

Je n'osais...

DIGONEAUX

Je ne veux pas donner trois séances ici que mademoiselle ne soit une de nos plus dévouées adeptes...

AMICIE

Elle est plus rétive que vous ne le pensez.

DIGONEAUX

Mon triomphe en sera d'autant plus éclatant... Quand j'aurai démontré que dans le pays d'Harmonie les passions peuvent se développer en toute liberté...

LÉTOCART

Elle est encore bien jeune pour comprendre...

AMICIE

Marthe, trop jeune, que dites-vous là, mon frère? Dites qu'elle est trop âgée, car les racines de sa fâcheuse éducation tiennent fermes et profondes.

SCÈNE XIV

MADAME MESNAGER, AMICIE, DIGONEAUX, MARTHE, LÉTOCART.

MARTHE, *courant au-devant de Mme Mesnager.*

Bonjour, ma tante.

LÉTOCART

Apôtre, je vous présente ma propre sœur, mariée à M. Mesnager.

DIGONEAUX

Madame, je ne saurais trop vous féliciter d'appartenir à une famille généreuse qui a fait de nombreux sacrifices pour faciliter l'éclosion de nos idées...

AMICIE, *à l'apôtre.*

Elle n'est pas des nôtres...

MADAME MESNAGER, bas à Marthe.

Quel est cet homme?

MARTHE

C'est un apôtre.

AMICIE, à l'apôtre et à Létocart, à l'autre coin.

Allons faire un tour dans le jardin; ma belle-sœur nous gênerait... Madame Mesnager, je vous laisse un moment avec Marthe. (Elle sort avec l'apôtre et Létocart.)

SCÈNE XV

MADAME MESNAGER, MARTHE,

MADAME MESNAGER

Mon enfant, Henri m'a tout avoué.

MARTHE, se jette dans les bras de Mme Mesnager.

Ma tante !

MADAME MESNAGER

Henri n'avait pas besoin de m'en parler, j'avais deviné son secret.

MARTHE

Ainsi, ma tante, vous approuvez nos projets.

MADAME MESNAGER

J'ai promis au lit de mort de ta mère de veiller sur toi comme sur ma fille et je ferai tout ce qui dépendra de ma volonté pour ton bonheur...

MARTHE

Que je vous aime, ma bonne tante !

MADAME MESNAGER

Un petit reproche pourtant... Pourquoi m'avoir caché cette inclination ?... Mon mari eût pu prendre des engagements pour l'avenir d'Henri... Vous êtes encore si jeunes tous deux... Songe qu'Henri n'a pas de position ! Son père ne consentira à le marier qu'alors qu'il sera établi...

MARTHE

Qui l'empêche de s'établir tout de suite ?

MADAME MESNAGER

Ces amoureux sont pressés ! Ma chère Marthe, tu passes par-dessus les examens, les études... Il faut à mon fils encore deux ans au moins...

MARTHE

Je dirai à Henri qu'il travaille fort, nuit et jour, pour finir en un an.

MADAME MESNAGER

Mon enfant, il est des délais officiels qu'on ne peut franchir.

MARTHE

Que c'est triste !

MADAME MESNAGER

Voilà pourquoi je n'aurais pas voulu vous voir former si vite ces projets... Henri doit aller à Paris.

MARTHE

A Paris. Il me quitterait !...

MADAME MESNAGER

Il le faut...

MARTHE

Henri ne me l'a jamais dit.

MADAME MESNAGER

Qu'est-ce qu'une séparation d'un an ?

MARTHE

Un siècle.

MADAME MESNAGER, l'embrassant.

Tu l'aimes donc bien !... Prévoyant depuis un

certain temps ce qui se passait entre vous deux, sournois que vous êtes, de mon côté je travaillais aussi en dessous, j'essayais de connaître les intentions de mon mari... Il n'est pas tout à fait si bien disposé que moi...

MARTHE

Ah! pourquoi ne m'avez-vous pas dit cela en commençant? Mon oncle m'a parlé ce matin à mots couverts et je me doutais qu'il voulait faire allusion à nos projets... Il n'a pas montré de vives sympathies pour mon père, et il prétend que ma tante Amicie doit être un obstacle à mon mariage...

MADAME MESNAGER

Et tu lui as donné tort?

MARTHE

Sans doute... Vous aussi lui donnez tort?

MADAME MESNAGER

Non, Marthe. Je respecte la volonté de mon

mari; par son travail persévérant, il a amené l'aisance qui aujourd'hui nous permet de vivre tranquilles! Toute ma vie, j'ai eu confiance en lui, en ses entreprises... J'avais foi en sa raison... C'est un homme droit, d'apparence un peu rude, car son esprit ne s'accommode pas de chimères; mais quel cœur loyal quand on y pénètre... Tu le sais...

MARTHE

Mon oncle a bon cœur, mais oserais-je jamais lui confier ce que je vous disais tout à l'heure... Je ne sais pourquoi, j'ai peur...

MADAME MESNAGER

Crains-tu que ton affection pour Henri soit mise en question par le bon sens de mon mari?

MARTHE

Je n'ai pas raisonné pourquoi; c'était instinctif; maintenant que vous me le dites, je le sens.

MADAME MESNAGER

Ne crains rien, ma chère Marthe, je recevrai le

premier choc... Je n'ai pas vécu trente ans avec mon mari sans savoir comment aborder ces questions difficiles.

SCÈNE XVI

LES MÊMES, SIBLEQUIN, BRELU
(Les deux menuisiers entrent chargés d'outils.)

MADAME MESNAGER

Que veulent ces ouvriers ?

MARTHE

Je ne sais. (Les ouvriers enlèvent les portes et démasquent une grande salle au fond.)

MADAME MESNAGER

C'est M. Siblequin, notre menuisier.

SIBLEQUIN

Votre serviteur, Madame Mesnager.

MADAME MESNAGER

Que faites-vous là?

SIBLEQUIN

Vous voyez, nous enlevons l'entrefends...

MADAME MESNAGER

Ce sera une pièce immense.

SIBLEQUIN

Elle ne sera jamais assez grande, à ce que dit M. Létocart.

MARTHE

Pourquoi?

SIBLEQUIN

Il paraît qu'il faut que toute la ville tienne ici.

MADAME MESNAGER

Toute la ville!... A quelle occasion?

SIBLEQUIN

Je n'en sais pas plus... M. Létocart ne m'a pas fait part de son secret. (Les ouvriers travaillent et frappent.)

MADAME MESNAGER

Que de remue-ménage ! Ma chère Marthe... Veux-tu me reconduire ?

MARTHE

Avec plaisir, ma tante. (Elles sortent.)

SCÈNE XVII

SIBLEQUIN, BRELU, puis LÉTOCART

SIBLEQUIN

Qu'est-ce que le bourgeois compte faire en démolissant cette cloison ? Il n'y a que M. Létocart pour avoir de ces idées-là ?

BRELU

C'est dommage que tous les gens de Pont-Saint-Pierre n'aient pas ses goûts, l'ouvrage ne chômerait pas.

LÉTOCART

Siblequin ? Un mot.

SIBLEQUIN

Deux, Monsieur Létocart.

LÉTOCART

Mon brave, on demande à l'étranger, pour construire des maisons, un menuisier habile qu'on paierait en immenses terrains.

SIBLEQUIN

Il n'en manque pas d'ouvriers habiles. (Brelu s'avance et écoute.)

LÉTOCART

J'ai pensé à toi...

SIBLEQUIN

Puisque je suis établi dans le pays avec femme et enfants.

LÉTOCART

Qu'importe? Tu hésiterais à te fixer dans le plus beau pays du monde, dans un pays où vous seriez plus heureux que dans un paradis?

SIBLEQUIN

Je ne me trouve pas malheureux ici...

LÉTOCART

Mon pauvre Siblequin, tu es très malheureux.

SIBLEQUIN

Vous croyez?

LÉTOCART

Et les mensonges de la société? Et les tromperies du commerce? Et les discordes de famille? Et les procès? Et les successions? Et le mariage?

Tu es très malheureux de vivre dans le feu, dans le poison, dans l'adultère ? (Brelu se rapproche.)

SIBLEQUIN

Comment, Monsieur Létocart, vous traitez ma femme d'adultère..!

LÉTOCART

Si ta femme ne te trompe pas, elle pourrait te tromper.

SIBLEQUIN

Monsieur Létocart, ne plaisantons pas là-dessus. Vous êtes bourgeois, je suis ouvrier, mais je ne veux pas qu'on attrape Mme Siblequin... Elle me rend heureux, moi et mes enfants.

LÉTOCART

C'est justement de leur avenir que tu devrais t'inquiéter... Avant dix ans, une corruption envahissante aura gangrené tous les esprits et tes enfants n'y pourront échapper... Je veux sauver tes enfants du vice, de la misère, je veux leur fortune... (Brelu fait des signes à Létocart.)

SIBLEQUIN

Leur fortune... je ne demande pas mieux... Que faut-il faire?

LÉTOCART

Vendre tout ce que tu possèdes et partir au pays d'Harmonie, chef-lieu Concordia.

SIBLEQUIN

Connais pas.

LÉTOCART

Écoute, Siblequin; pour te récompenser du zèle que tu as apporté à arranger cette pièce, je t'invite à entendre tout à l'heure l'apôtre qui va prêcher ici même l'émigration vers la nouvelle terre.

SIBLEQUIN

Monsieur Létocart, je ne suis pas un savant comme vous, je ne lis jamais de livres parce que, quand j'ai fini ma journée, je pense à me reposer. Vous m'avez déjà distribué des tas de petits volumes jaunes que je n'ai pas ouverts, je l'avoue. Vous m'avez dit qu'ils renfermaient je ne sais plus quoi...

LÉTOCART

Le bonheur futur de l'humanité.

SIBLEQUIN

Je travaille le plus que je peux, j'aime ma femme, je tâche d'élever mes enfants en honnêtes gens; j'en ferai des travailleurs comme moi, s'il plaît à Dieu.

LÉTOCART

Tu parles en esclave, tu ne veux donc pas de la liberté?

SIBLEQUIN

Quelle liberté? Dans ce moment-ci, moi, qui ne suis qu'un ouvrier et vous un bourgeois, est-ce que je n'ai pas la liberté de vous donner mon opinion?... Je n'en veux pas d'autres... Non, je ne partirai pas, je suis né à Pont-Saint-Pierre, je veux mourir à Pont-Saint-Pierre... Ah! si j'étais garçon comme Brelu, on pourrait voir à faire son tour d'Europe... (Brelu fait des signes d'acquiescement.) Mais vous m'offririez de gagner le double à Paris que je ne quitterais pas le pays. Mon brave homme de père et ma mère y sont morts, je veux reposer un jour à côté d'eux. Pardonnez-moi la liberté.

LÉTOCART

Ces gens-là sont bouchés... L'apôtre a sagement fait de venir ici, car je me sens incapable de triompher de leurs raisonnements pitoyables.

SCÈNE XVIII

AMICIE, LÉTOCART, SIBLEQUIN, BRELU

AMICIE

Les travaux avancent-ils ?

LÉTOCART

Vous voyez, ma sœur.

AMICIE

Il est important que la salle soit prête pour la fin du dîner... Comptez-vous avoir beaucoup de monde, mon frère?

LÉTOCART

J'ai couru la ville et j'ai trouvé chacun assez bien disposé... On s'attend à une sorte de spectacle...

AMICIE

Un spectacle! Ils l'auront, le spectacle de leurs vices et de leurs misères! Où est Marthe?

LÉTOCART

Chez sa tante, sans doute.

AMICIE

Elle ne pense pas à nous aider... Il faut décorer la tribune... Siblequin, allez prévenir Marthe et son cousin que nous avons besoin d'eux.

SIBLEQUIN

Je suis pressé, mais Brelu est là (Brelu sort.)

AMICIE

Si nous mettions des drapeaux verts!

LÉTOCART

L'autorité les prendrait pour des emblèmes séditieux...

AMICIE

Des drapeaux verts couleur d'espérance annonceraient qu'ici on va prêcher l'avenir d'une société meilleure; rien que par la couleur les yeux seraient attendris et communiqueraient leurs impressions à l'entendement... Quelle agréable surprise pour l'apôtre..!

LÉTOCART

Une plus douce surprise serait de lui présenter quelques adeptes...

SCÈNE XIX

MARTHE, HENRI, LÉTOCART, AMICIE

AMICIE

Henri, pouvons-nous disposer de vous cette après-midi? Nous avons besoin d'un secrétaire pour consigner les paroles de l'apôtre.

HENRI

Je ferai tout pour vous être agréable...

LÉTOCART

Marthe, aide ton cousin à porter la table au fond... Disposez des chaises, des bancs. Moi, de mon côté, je vais m'occuper de veiller à tout.
(Il inspecte le fond de l'appartement.)

HENRI, à Marthe.

Chère Marthe, j'accepte sans savoir de quoi il

s'agit ; mais il m'est permis de passer l'après-midi près de toi.

AMICIE, revenant près de Marthe.

Quelle rayonnante journée se présente !...

MARTHE

Oui, ma tante... Henri, faites que je puisse être non loin de vous...

HENRI, à Amicie.

Où me place-t-on ?

AMICIE

Être trop heureux, vous serez sur l'estrade, en qualité de secrétaire... Vous ne perdrez pas un mot, un geste de l'apôtre.

MARTHE

Et moi, ma tante, je veux assister à la séance, tout près, le plus près possible...

AMICIE

Enfin... Voilà que vous commencez à ressentir

l'influence de l'apôtre... A la bonne heure... N'est-ce pas, Marthe, qu'il est bien...

MARTHE, regardant Henri.

Oh! oui, ma tante...

AMICIE

Quel feu, quelle éloquence, quel regard!

MARTHE, même jeu.

Je l'aime...

AMICIE

Ne croyez pas, Marthe, que l'apôtre jette un regard sur les affections terrestres ; absorbé par sa mission, il ne se préoccupe guère de nos petites passions...

HENRI, à Marthe.

Je l'espère.

LÉTOCART, revenant.

Ma sœur, trouvez-vous l'aspect de la salle convenable ? (Amicie et Létocart redescendent vers le fond.)

MARTHE

Eh bien, Henri, vous ne parlez plus?

HENRI

Quel enthousiasme pour cet apôtre!...

MARTHE

C'est un homme extraordinaire...

HENRI

Tu parles en ce moment comme ta tante qui, pendant sa jeunesse, a refusé de se marier parce qu'elle attendait un mari idéal qu'on ne rencontre jamais.

MARTHE

L'apôtre ne manque pas d'idéal.

HENRI

Vous trouvez?

MARTHE

Ah! Henri! Vous ne m'avez pas compris :

les qualités dont je douais cet apôtre, c'étaient les vôtres. Quand j'ai dit : *je l'aime,* si vous m'aviez regardé, vous auriez vu où allaient mes yeux... Fi, le vilain jaloux ! Vous verrez cet apôtre tout à l'heure et vous rougirez de votre jalousie.

LÉTOCART

Marthe, ne perdons pas de temps en vains propos, aide-moi à recevoir les personnes qui nous arrivent ; vous aussi, Henri...

SCÈNE XX

LÉTOCART, AMICIE, MARTHE, HENRI, BOURGEOIS et BOURGEOISES, puis L'APOTRE

AMICIE

Mesdames et messieurs, prenez place, je vous prie... Les dames près de la tribune... Les hommes au second rang...

LÉTOCART

Ma sœur, je te présente monsieur l'agent-voyer dont je t'ai parlé...

AMICIE

Ah! monsieur, que de belles routes à construire en Harmonie! Vous pouvez attacher votre nom à une splendide entreprise.

LÉTOCART

Amicie, voici Mᵉ Monchanin, l'huissier qui balance encore pour suivre la fortune de l'apôtre.

AMICIE

Monsieur sera converti tout à fait dans un instant.

HENRI, à Marthe.

Marthe, est-ce que tout ce monde vous intéresse?

MARTHE

Sans doute, il me semble que je suis plus seule avec vous.

HENRI

Si nous descendions au jardin ?

MARTHE

Qui recevrait les invités de mon père ?

LÉTOCART

Henri, offre ton bras aux dames.

AMICIE

Marthe, fais placer les messieurs. (Divers invités entrent.)

LÉTOCART

Amicie, je t'annonce M. Duvinage, le jardinier... Voilà un homme qui serait utile pour la colonie... (A Marthe.) Sois aimable avec lui.

AMICIE

Madame Tiboleau, que vous êtes bonne d'avoir bien voulu assister à notre réunion ! (Elle la présente à Létocart.) Madame est l'épouse de M. Tiboleau, directeur du cadastre. (La dame salue.)

AMICIE, à Henri.

Henri, va t'asseoir près de Mme Monchanin, la femme de l'huissier : son mari est flottant... Il ne reste plus que sa femme à décider à émigrer.

HENRI, à Marthe.

Si ma tante croit que je vais plaider pour la cause, elle se trompe. (A Amicie.) Que faire d'un huissier dans un pays où il n'y a rien à saisir ?

AMICIE

Quand cet huissier serait saisi d'admiration, cela suffirait...

LÉTOCART

Il manque des chaises... Marthe, tu ne fais rien...

AMICIE, à Henri.

Aidez-la, cette enfant... Ah ! voici l'apôtre.

SCÈNE XXI

L'APOTRE, LÉTOCART, AMICIE, MARTHE, HENRI, CROCHARD, BRELU, MONCHANIN, INVITÉS.

(L'Apôtre entre majestueusement; il salue l'assistance, fait le tour de la salle et monte sur la tribune où il est suivi par Henri.)

DIGONEAUX

Mes frères et mes sœurs, je suis venu à vous comme je vais au-devant de ceux qui souffrent... Vous souffrez d'être esclaves, d'avoir les bras et les mains liés, comme aussi vous souffrez de ce que vos aspirations sont comprimées. Je viens vous délivrer...

AMICIE

Ah! merci! (A Létocart.) Eh bien, vous ne dites rien?

LÉTOCART

Bravo!

DIGONEAUX

J'ai longtemps gémi sur la société, où je ne vois que fraudes, mauvaise foi, violence, rapine universelle, guerres sanglantes, divisions, impiété, misère, injustice, abrutissement, concurrence, désordre industriel, usure, filouterie, vol, assassinat, parricide, procès, concubinage, adultère !...

AMICIE

Hélas ! (Létocart lève les mains au ciel.)

DIGONEAUX

J'ai constaté les crimes au sein des familles, l'influence dévorante des machines, j'ai vu les fils mesurant d'un œil jaloux les jours de leurs pères, et je me suis dit : toutes ces passions proviennent de l'odieuse royauté de l'or, de l'amour scélérat de la propriété...

LÉTOCART

Comme tout cela est vrai !

AMICIE à Marthe.

Tu n'as seulement pas préparé de verre d'eau

pour l'apôtre... De telles énumérations doivent lui brûler la gorge...

(Marthe prépare un verre d'eau et le porte à Digoneaux.)

DIGONEAUX, repoussant le verre.

L'apôtre est resté des jours entiers sur les routes, exposé au soleil, sans pain et sans eau ; l'apôtre sait pâtir et se priver... Il ne boira pas cette eau édulcorée qu'il laisse aux orateurs vulgaires... Il s'abreuvera de sa propre parole et en rafraîchira ceux qui l'écoutent.

AMICIE

Quel homme ! Quelle nature !

DIGONEAUX

Mais l'apôtre n'oubliera pas que cette eau lui a été apportée par une femme. Asservissement complet, réclusion, condamnation aux travaux forcés du ménage... Oh! les femmes! Timidité naturelle redoublée par leur fausse position..., vente de leur cœur par un contrat... intelligences supérieures amoindries, rabaissées à plaisir par l'homme autoritaire qui les chasse du pouvoir... Mes sœurs, relevez-vous ! relevez-vous !

AMICIE court à la tribune.

Votre main, apôtre, votre main ! (Elle la tient serrée sur son cœur.) Mesdames, de cette main pressée par l'apôtre, je veux serrer la vôtre... Il reste encore dans mes fibres un peu de l'électricité de l'homme qui a parlé si éloquemment, je veux vous la communiquer. (Elle serre la main à toutes les femmes de l'auditoire.)

SCÈNE XXII

MESNAGER ET SA FEMME
entrant.

MESNAGER, à sa femme.

Que se passe-t-il ici ? Henri à la tribune...
(Il lui fait des signes.)

MARTHE

Mon oncle, asseyez-vous, vous allez entendre...

MESNAGER

Mais enfin, qu'est-ce?

MARTHE

Mon oncle, un peu de patience.

DIGONEAUX

Mes sœurs et mes frères, je vous ai fait en abrégé l'exposé des vices et des crimes de la société... Je serais un misérable si je ne cherchais qu'à vous blesser sans avoir un baume à mettre sur vos plaies... Un nouvel état se fonde au Texas qui s'appelle le pays d'Harmonie, capitale Concordia. Là, point de murs, point de forteresses pour se garantir, sinon contre les animaux! Pas de gendarmes, car il n'y a personne à juger! Pas de conscription, car il n'y a pas de troupes à entretenir! Pas de prêtres, car il n'y a pas de religion! Pas de notaires, car il n'y a pas de contrat! La bonne foi, la simplicité des mœurs, la liberté accordée à chacun, le jeu naturel des passions se fusionnent dans un équilibre parfait. On ne se bat plus, on ne s'assassine plus, on ne vole plus, on n'est pas malade, on ne meurt plus.

LÉTOCART

On ne meurt plus ! C'est admirable.

DIGONEAUX

Ne vous étonnez pas, mes sœurs et mes frères. Qui détermine les chagrins ? Les passions mal équilibrées ! Qui amène la mort ? Les maladies ! Si on meurt dans le pays d'Harmonie, c'est doucement, paisiblement, sans le savoir, dans un avenir éloigné. Nous avions à Concordia un serrurier âgé de quatre-vingt-dix-sept ans et trois mois ; il se blessa grièvement en travaillant au coffre-fort qui contient l'argent des harmoniens et nous craignions de le perdre. On n'a pas appelé de médecin pour le soigner ; il s'est rétabli facilement, grâce à l'application de quelques herbes sur sa blessure... Eh bien, cet homme, revenu à la vie par ce moyen si simple, nous a déclaré que la mort qui était venue le visiter, était douce, charmante et que désormais il la verrait revenir sans crainte... Il y a quatre ans de cela. Ce serrurier s'appelle Gilbert ; il est âgé aujourd'hui de cent un ans et trois mois.

LÉTOCART, à Siblequin.

Cent un ans et trois mois... Qu'en dis-tu, Siblequin ?

DIGONEAUX

Dans ce pays merveilleux où tout vient à souhait, fleurs, fruits, plantations, sans que l'homme ait à arroser la terre des sueurs de son corps, l'air est si vivifiant et d'une telle émollience que des dames de cinquante ans qui sont arrivées les premières ont vu leurs rides disparaître... Ne criez pas au miracle ! Dans la vieille Europe les passions tendent les traits, les inquiétudes creusent les chairs, la peau se sèche, la bile s'épaissit et circule moins librement... Changez de milieu, faites disparaître ces soucis, tout l'organisme s'en ressent ; le sang léger reprend son cours, les humeurs s'enfuient honteusement ; chassées par la félicité, les rides disparaissent... Ah ! que la beauté est belle dans notre beau pays d'Harmonie !

AMICIE

Je pars !

DIGONEAUX

Vous entendez, mes sœurs, le cri d'une âme ulcérée, fière de retrouver son indépendance.

AMICIE

Je pars... Apôtre, inscrivez-moi avec mon frère Létocart, sur votre registre de départ.

MESNAGER

Elle en est capable.

LÉTOCART

Mais, ma sœur ?

AMICIE

Vous voulez envoyer des gens dans le pays d'Harmonie, et vous ne leur donnez pas l'exemple... Vous partirez avec moi ou je partirai sans vous...

LÉTOCART

Nous verrons...

DIGONEAUX

Mes sœurs et mes frères, que faut-il pour obtenir l'entrée de ce paradis terrestre ? Presque rien. Un apport social consistant en la résiliation de la moitié de sa fortune, des frais d'embarquement, un trousseau dont le détail vous sera donné, et l'engagement de se conformer au Code rédigé par le Maître avant sa mort.

BRELU

Je m'engage pour faire fortune.

DIGONEAUX

Qui parle ainsi ?

BRELU

Moi, Brelu, compagnon menuisier.

AMICIE

Un compagnon menuisier !... C'est touchant.

DIGONEAUX, toisant Brelu.

Vous avez sans doute un apport, mon ami ?

BRELU

Un apport de quoi ? Je vous dis que je veux faire fortune.

DIGONEAUX

Mais, mon ami, on ne fait pas fortune sans apport.

BRELU

Ça m'est égal, je pars, je veux faire fortune.

LÉTOCART

Quel caractère !

DIGONEAUX

Il faut au moins un minimum... Rien que la traversée coûte cent écus...

BRELU

Je vous les rendrai là-bas quand j'aurai fait fortune.

AMICIE

Ce menuisier m'exalte par sa décision. (A Digoneaux.) Je réponds pour Brelu.

DIGONEAUX

Brelu est admis.

BRELU, il appelle.

Ohé! Crochard!... Crochard! Ohé!...

CROCHARD, au fond.

Ohé! Brelu!

DIGONEAUX

Quest-ce que Crochard?

BRELU

Mon ami Crochard, ouvrier serrurier qui part aussi... Il veut partager les terres...

DIGONEAUX

Crochard, vous m'avez entendu... Avez-vous l'apport nécessaire pour les frais d'embarquement?

CROCHARD

J'ai mes mains et rien dedans...

DIGONEAUX

C'est insuffisant...

BRELU

Crochard a bien le droit de vouloir faire fortune comme moi.

DIGONEAUX

Silence, Brelu ; vous oubliez que, seule, la générosité de notre sœur Amicie vous permet de nous suivre...

LÉTOCART, à Digoneaux.

Est-ce qu'un serrurier ne peut nous être très utile ?

DIGONEAUX

Dans le pays d'Harmonie, aucune porte n'est fermée.

LÉTOCART

Quelle confiance !

BRELU, à Amicie.

Moi, je ne pars pas sans mon ami Crochard...

AMICIE, à Digoneaux.

Il serait cependant désirable que Pont-Saint-Pierre donnât l'exemple du départ spontané de deux prolétaires... (A Létocart.) Mon frère, je me suis dévouée pour Brelu... Ne pourriez-vous faire un sacrifice pour l'enthousiaste Crochard ?

LÉTOCART, à Digoneaux.

Nous sommes maintenant trois dévoués à la cause... Ma sœur et moi nous payons pour trois... Est-ce que vous ne pourriez emmener Crochard par dessus le marché ?

DIGONEAUX

Jamais je n'ai fléchi sur un principe.

LÉTOCART

Vous avez raison... (A Crochard.) Brave Crochard, l'apôtre nous fait savoir que votre profession de serrurier est du luxe dans un pays qui manque de serrures.

BRELU

Crochard ne tient pas à faire des serrures... Il veut partager les terres...

AMICIE

C'est son droit... Cet homme qui ne possède rien, aspire, lui aussi, à posséder...

DIGONEAUX

Tout le monde désire posséder... C'est une flotte qu'il me faudrait pour emmener en Harmonie ceux qui veulent le partage du sol.

AMICIE

L'apôtre a raison.

LÉTOCART

Dix fois raison.

DIGONEAUX

Nous fatiguons inutilement l'assemblée... Non,

nous ne repoussons pas l'honnête Crochard, nous l'ajournons seulement... D'ici à trois mois, qu'il épargne sur son salaire quotidien...

LÉTOCART

Oui, Crochard, fais des économies !

CROCHARD

Si j'avais des économies je ne demanderais pas le partage des terres.

LÉTOCART

Cet ouvrier me confond par sa logique.

AMICIE

Mon frère, faites quelque chose pour ce logicien...

LÉTOCART, à Digoneaux.

Soit ; je fais une quête pour Crochard ?

DIGONEAUX

Si la quête peut constituer l'apport de Crochard,

je l'emmène... (A Amicie.) Ma sœur, commencez, la voix des femmes est irrésistible...

AMICIE

Je ne demande pas mieux...

DIGONEAUX, à Amicie.

Présentez le brave Crochard... Qu'il tende son chapeau.

AMICIE, donnant la main à Crochard.

Mes sœurs et mes frères, c'est pour favoriser l'émigration de l'honnête Crochard...

CROCHARD

Qui ne demande que le partage des terres. (Tous les invités se reculent.)

LÉTOCART

Je n'entends pas seulement deux sous tomber dans le chapeau... Ces gens de Pont-Saint-Pierre sont d'une ladrerie.

AMICIE, à Mesnager.

Mon beau-frère, s'il vous plaît...

MESNAGER

C'est trop de patience... Je ne peux me contenir plus longtemps.

MADAME MESNAGER

Mon ami, modérez-vous !

MESNAGER

Non. (Il se lève.) Qui êtes-vous pour troubler ainsi l'intérieur de nos familles ?

DIGONEAUX

Qui je suis ?

AMICIE

Ne répondez pas !

DIGONEAUX

Je suis celui qui condamne, qui absout, qui juge,

le dernier de la terre, celui qui est fort, celui qui est apôtre, c'est moi, c'est Jean Digoneaux. (Il se lève majestueusement et sort, suivi de l'assemblée.)

SCÈNE XXIII

AMICIE, HENRI, MARTHE, MESNAGER MADAME MESNAGER

AMICIE, à Mesnager.

Qui vous permet de troubler la séance ?

MESNAGER

Qui a permis à cet homme de venir troubler vos cervelles ?

LÉTOCART

Moi.

AMICIE

L'apôtre est notre hôte, vous n'avez pas le droit de vous opposer à sa mission.

MESNAGER

Ainsi vous me rappelez que je ne suis pas chez moi... Henri, suis-moi...

MARTHE

Mon oncle!

LÉTOCART

Tu n'as plus d'oncle.

HENRI, à Létocart.

Soyez calme.

AMICIE, au même.

Tenez ferme.

MESNAGER

Pauvres têtes que vous êtes! Vous rêvez un pays où vos rides s'effaceront... Il est trop tard, mademoiselle Amicie...

AMICIE

C'en est trop ; oui, nous partirons... n'est-ce pas, mon frère ?

LÉTOCART

Je vendrai mes biens et je partirai, rien que pour ne plus vous rencontrer...

MESNAGER

Vous seriez assez fous ?...

AMICIE

Dites assez sages...

MADAME MESNAGER

Vous regretterez votre famille...

AMICIE

La famille est abolie.

MESNAGER

Vous pleurerez vos propriétés.

LÉTOCART

Il n'y a plus de propriété.

MADAME MESNAGER

Quitter ainsi la France, est-ce possible?

AMICIE

La science sociale ne reconnaît pas de patrie... Mais c'est assez discuter, mon frère; allons retrouver l'apôtre et tâchons de lui faire oublier d'entêtés contradicteurs. (Létocart et Amicie sortent.)

SCÈNE XXIV

MESNAGER, SA FEMME, HENRI, MARTHE

MESNAGER

Eh bien, Marthe, que te disais-je?...

MARTHE, fondant en larmes.

Ah! mon oncle...

MADAME MESNAGER

Tout n'est peut-être pas perdu, ma chère Marthe.

HENRI

Marthe, consolez-vous.

MESNAGER

Il vaut mieux que Létocart parte... Il était, lui et sa sœur, un objet de ridicule pour le pays... Il nous compromettait... Je ne pouvais le défendre...

MADAME MESNAGER

Qui aurait cru que mon frère donnerait dans de tels excès !... Je ne peux croire encore à ce projet...

MARTHE

Ma tante, vous seule pouvez l'en dissuader.

MESNAGER

Non, je ne souffrirai pas qu'on nous insulte ici... Nous allons quitter cette maison pour n'y plus revenir.

HENRI

Mon père!...

MADAME MESNAGER

Mon mari!...

MARTHE

Mon oncle, vous me laisseriez seule ici!... Je ne partage aucune des idées de mes parents, vous le savez.

MADAME MESNAGER.

S'ils partent, pourquoi Marthe ne resterait-elle pas près de nous?

HENRI

Oui.

MESNAGER, regardant Marthe et son fils.

Ton père te rend peut-être service en quittant le pays.

MARTHE

Vous me prendriez?...

MESNAGER

Peu à peu le souvenir des folies de Létocart s'effacerait dans la ville; on te trouverait un honnête mari...

MADAME MESNAGER

Oui, c'est cela.

HENRI, à sa mère.

Faut-il tout dire à mon père ?

MADAME MESNAGER

Est-ce qu'il ne le sait pas ?

MARTHE

Mon oncle, une dernière prière... Essayez d'empêcher mon père de partir.

SCÈNE XXV

LES MÊMES, AMICIE

AMICIE

Que dites-vous, Marthe?... Qui vous prie de vous mêler des affaires de mon frère?... Nous nous embarquerons avant un mois...

MESNAGER

Quand il vous plaira.

AMICIE

Dans quinze jours!

MESNAGER

Le plus tôt possible.

AMICIE

Dans la huitaine, demain, s'il se peut... Ah!

vous voulez vous défaire de penseurs qui vous embarrassent; eh bien, les penseurs ont hâte de s'éloigner de vous... Tout à l'heure le notaire viendra pour régler la vente de nos biens... Nous ne voulons pas qu'il reste en France une parcelle de terre à laquelle soient attachés nos noms... C'est mon avis, c'est l'avis de l'apôtre.

MESNAGER

Cet apôtre-là me paraît un intrigant.

SCÉNE XXVI

LES PRÉCÉDENTS, LÉTOCART

LÉTOCART

L'apôtre! Un intrigant!... En voilà assez, monsieur, je ne supporterai pas qu'on injurie chez moi un homme revêtu d'un caractère apostolique.

MADAME MESNAGER, à Létocart.

Mon frère !

LÉTOCART

Je n'ai plus de sœur.

AMICIE

Brisons des liens factices.

HENRI

Mon oncle !

LÉTOCART

Je n'ai plus de neveu.

MARTHE

Mon père !

LÉTOCART

Laisse-moi.

AMICIE, à Marthe.

Ne fréquente plus ces gens, ils te corrompraient par leur morale mesquine.

LÉTOCART, à Marthe.

Tu verras le pays d'Harmonie.

MARTHE, se reculant vers Henri.

Est-ce que vous voudriez m'emmener, mon père?

AMICIE

La sotte qui croit qu'on va la laisser dans un milieu subversif, pavé de perfidies et de corruptions.

HENRI

Mon oncle, songez-y, voyez sa douleur...

AMICIE

A peine débarquée, elle vous aura tous oubliés.

MADAME MESNAGER

Vous auriez la cruauté d'emmener cette pauvre enfant dans un pays inconnu?... Elle ne partage pas vos idées.

AMICIE

Ses yeux s'ouvriront à la lumière.

MARTHE

J'en mourrai... (Elle tombe sur une chaise.)

HENRI

Marthe, ma chère Marthe, reviens à toi...

MESNAGER

Vous n'êtes pas digne d'avoir une telle fille...

AMICIE, à Létocart.

Il nous insulte... Répondez, vous, son père.

MADAME MESNAGER

Mon frère, encore un mot...

LÉTOCART

Je n'entends rien.

HENRI

Ma mère, plaidez ma cause... Je suis trop malheureux... Si elle part, je ne vis plus.

MADAME MESNAGER

Mon frère, oubliez tout ce qui vient de se passer... Laissez-nous Marthe; j'ai juré à sa mère, à son lit de mort, de veiller sur elle, sur son bonheur, et vous voulez nous l'enlever. (Elle se jette aux genoux de Létocart.)

AMICIE, à Létocart.

Soyez ferme !

MADAME MESNAGER

Je ne me relèverai pas que vous ne m'ayez promis de me laisser Marthe... Si vous saviez l'affection que j'ai pour elle... N'est-ce pas, Marthe?

MARTHE, l'embrassant.

Oh ! oui, ma tante.

MADAME MESNAGER

Ce sera comme ma fille... Vous voulez partir, eh bien je vous jure de vous l'envoyer si vous vous trouvez heureux dans ce pays nouveau... Qui sait ce qui vous attend là-bas ? Vous ne voudriez pas voir souffrir notre pauvre Marthe... Ah ! qu'il m'en coûte de ne pas mieux vous parler ! (A Létocart.) Si votre pauvre femme vivait encore, croyez-vous qu'elle laisserait ainsi sa fille partir au loin ?... Vous pleurez, mon frère.

AMICIE

Le lâche !

MADAME MESNAGER

Mon frère, tous, nous sommes à vos genoux... Mon mari oublie les paroles dures qui lui sont échappées... Marthe... Henri, aidez-moi à le toucher.

LÉTOCART, fondant en larmes.

Eh bien...

SCÈNE XXVII

LES PRÉCÉDENTS, L'APOTRE

L'APOTRE

L'homme faible se laisse convaincre par des âmes hypocrites... Tout citoyen qui veut habiter le pays d'Harmonie ne doit laisser dans la vieille Europe rien qui l'y rattache... Il vendra ses biens et ses maisons, fera table rase de ses affections, emmènera avec lui femme et enfants; ainsi l'a décrété le Maître...

AMICIE

Vous entendez... La parole du Maître !

LÉTOCART, *tirant Marthe à lui.*

Tu partiras avec nous.

II

LE PARTAGE DES TERRAINS

DANS LA SOCIÉTÉ NOUVELLE

II

Lisière d'une vaste forêt. — Au devant, quelques huttes. Tentes isolées de côté et d'autre; campement dans un endroit sauvage. — Au centre se dresse un poteau sur lequel est écrit en gros caractères : Concordia, *Capitale* HARMONIE. — D'autres jalons indiquent les tracés des rues. — Aspect désolé du lieu.

SCÈNE PREMIÈRE

(Il fait petit jour.)

LÉTOCART, puis DIGONEAUX

Létocart, armé d'un mauvais fusil, fait sentinelle au fond du théâtre. Peu à peu sa marche se ralentit ; il pose son fusil contre un arbre, s'assied et finit par sommeiller.

DIGONEAUX

Voyons si le pays a été bien gardé cette nuit... Nous n'avons peut-être pas choisi l'endroit le plus riant pour établir notre ville; mais nos sociétaires paraissaient si pressés de s'installer en pleine nature que j'ai cru devoir me rendre à leurs désirs en campant près d'une forêt vierge... Quand il était si facile de fonder la colonie auprès de celle des Américains!... Petit à petit, je ferai comprendre à nos sociétaires qu'il est de leur intérêt de se rapprocher d'une ville. Aujourd'hui, ce qui est plus important, s'ouvre le scrutin; acclamé de nouveau père de la colonie... à une forte majorité, je l'espère, et armé de nouveaux pouvoirs, je forcerai mes frères à subir mes idées... Pour être heureux l'homme doit être gouverné... Mais je ne vois pas de sentinelle ce matin. (Il cherche.) Nous étions bien gardés! — La sentinelle dort... (Il va à Létocart et le secoue.) Eh!

SCÈNE II

LÉTOCART, DIGONEAUX

LÉTOCART

Au secours!

DIGONEAUX

C'est moi, l'apôtre.

LÉTOCART

Vous m'avez fait une peur! J'ai cru être enlevé par un tigre.

DIGONEAUX

Utopie, mon frère, de croire qu'il existe des tigres dans le district de Concordia.

LÉTOCART

Mais il y a des serpents!

DIGONEAUX

Si peu!

LÉTOCART

Merci... le peu que j'ai vu me suffit... Jamais à Pont-Saint-Pierre je n'aurais cru qu'il pouvait se trouver d'aussi gros serpents... Amicie non plus... Ma sœur avait rêvé d'aller tous les matins à la chasse aux papillons... Elle aime les papillons qui lui fournissent des idées poétiques ; mais depuis qu'Amicie s'est assise sur un tronc d'arbre qui tout à coup a remué, l'a soulevée, elle a failli en faire une maladie... Vous comprenez, s'asseoir dans les bras d'un serpent !

DIGONEAUX

Ce sont de ces petits désagréments auxquels on finit par se faire... Voilà pourquoi vous êtes en faute de vous endormir pendant la faction...

LÉTOCART

Que voulez-vous !... En France j'ai toujours protesté contre l'armée permanente, son inutilité ; et, depuis trois mois que nous sommes ici, je suis obligé de faire des factions de nuit deux fois par semaine.

DIGONEAUX

Comment, frère, vous vous révoltez contre l'intérêt public ?

LÉTOCART

Non, mais...

DIGONEAUX

N'êtes-vous pas satisfait des résultats que nous avons obtenus depuis votre arrivée ?

LÉTOCART

Oui... si on pouvait recevoir son journal tous les matins.

DIGONEAUX

Frère, je vous l'ai dit, les journaux faussent le jugement en même temps qu'ils sont des ferments d'opposition... N'avez-vous pas le *Moniteur de Concordia* ?

LÉTOCART

Il paraît si rarement.

DIGONEAUX

Une fois par mois et vous vous plaignez ! C'est aujourd'hui que je dois en faire la lecture publique... Quelle fête !... je m'en réjouis... N'est-ce pas un résultat des plus intéressants que d'avoir pu établir une petite imprimerie sous les ombrages !

L'imprimerie, le premier des besoins, à la condition de n'en pas faire abus, la soif de la pensée, qui rafraîchit l'esprit de chacun par quelques gouttes sagement dosées.

LÉTOCART

Sur ce point je partage vos opinions; mais nos sœurs se plaignent de manquer de café au lait le matin.

DIGONEAUX

Justement le numéro d'aujourd'hui contient un remerciement du père pour le dévouement et l'abnégation de nos sœurs... Cet article produira le meilleur effet en Europe et nous amènera certainement d'importantes recrues feminines...

LÉTOCART

Oui, nous serons très heureux... plus tard...

DIGONEAUX

Vous paraissez satisfait de l'impulsion que j'ai donnée à la colonie ?

LÉTOCART

Très content... s'il y avait une épicerie...

DIGONEAUX

Vous l'aurez plus tôt que vous ne le croyez...

LÉTOCART

Amicie s'est vu refuser une feuille de papier à l'imprimerie... Elle est obligée de graver ses vers sur le tronc des arbres...

DIGONEAUX

Et elle n'est pas satisfaite ! Mais c'est la nature même... Que faisaient les bergers de l'antiquité ?... Ils inscrivaient leurs tendres plaintes sur l'écorce des arbres.

LÉTOCART

Amicie préférerait du papier, une plume et de l'encre... Ma sœur improvise d'habitude quatre à cinq cents vers dans la matinée; elle perd trop de temps à graver ses improvisations sur les arbres...

DIGONEAUX

Annoncez-lui confidentiellement que l'épicier est suivi d'un papetier; ces deux hommes, qui n'en représentent qu'un, arrivent à force de voile. Je voulais vous ménager cette surprise à la séance de l'après-midi où doit être faite la lecture du *Moniteur de Concordia*.

LÉTOCART

Nos sœurs vont vous bénir...

DIGONEAUX

A la suite de la lecture du journal on procédera à la nomination du père de la colonie... Je n'ai pas besoin de vous demander votre voix?

LÉTOCART

Comment donc!

DIGONEAUX

L'ancienne civilisation crée sans cesse des ambitieux qui veulent le pouvoir, groupent des minorités turbulentes composées de quelques meneurs.

Dans Concordia, capital Harmonie, nos frères unis doivent former d'intelligentes majorités...

LÉTOCART

Je suis de votre avis... Comptez sur moi.

DIGONEAUX

Si un membre de la colonie prêtait l'oreille aux paroles ambiguës de quelques hommes qui ne croient à rien, à peine sortis de l'ère des difficultés nous entrerions dans celle des déceptions.

LÉTOCART

Voilà qui est bien dit... N'oubliez pas cette phrase à l'assemblée générale...

DIGONEAUX

La phrase ferait peut-être mieux dans votre bouche...

LÉTOCART

Si cela peut vous faire plaisir! Nous disons donc : *Assez de minorités...*

DIGONEAUX

Factieuses... Il faut les laisser à l'ancien monde...

LÉTOCART

Dans Concordia, capitale Harmonie, nos frères groupés doivent former d'intelligentes majorités...

DIGONEAUX

Ne coupez pas votre inspiration.

LÉTOCART

Car si un membre de la colonie prêtait l'oreille...

DIGONEAUX

Une oreille seulement... La restriction est plus imagée...

LÉTOCART

Une oreille seulement aux discours...

DIGONEAUX

Ambigus...

LÉTOCART

Aux discours ambigus de quelques hommes qui ne croient à rien...

DIGONEAUX

Enlevez la fin de la période de votre discours... Du geste... Deux tours de bras. (Létocart fait tourner son bras droit.) Allons, de l'élan!... La voix pleine et sonore... De la chaleur!... Laissez-vous aller à l'improvisation.

LÉTOCART

C'est que je ne me rappelle plus bien...

DIGONEAUX

A peine sortis de l'ère...

LÉTOCART

A peine sortis de l'ère d'inextricables difficultés nous entrerions dans celle des déceptions...

DIGONEAUX

Des plus effroyables déceptions... Il faut du contre-poids...

LÉTOCART

A peine sortis de l'ère d'inextricables difficultés nous entrerions dans celle des plus effroyables déceptions... Il faut du contre-poids...

DIGONEAUX

Vous ne comprenez pas... Je dis qu'il faut du contre-poids à votre phrase...

LÉTOCART

A ma phrase ?

DIGONEAUX

C'est un conseil d'orateur que je vous donne... Pour entraîner les masses, beaucoup d'adjectifs sont nécessaires... J'ai ajouté *inextricables* à *difficultés* pour étoffer ma période, mais je serais d'une avarice sordide si je ne gratifiais pas *déceptions* de la qualification *effroyables*, mieux encore *des plus effroyables déceptions...* Les deux adjectifs se balancent. (Il imite avec ses mains l'oscillation des deux plateaux d'une balance.) Maintenant, répétez...

LÉTOCART

Assez de minorités factieuses!... Il faut les laisser à l'ancien monde... Dans Concordia, capitale Harmonie, nos frères groupés doivent former d'intelligentes majorités...

DIGONEAUX

Je crierai alors bravo... Nos frères répéteront bravo, bravo!... Surtout ne laissez pas couper le fil de votre improvisation...

LÉTOCART

Non... Car à peine sortis de l'ère d'inextricables difficultés nous entrerons dans celle des plus effroyables déceptions... (Il s'éponge le front.)

DIGONEAUX

Admirable le geste...

LÉTOCART

J'ai très chaud...

DIGONEAUX

Je croyais que vous vous voiliez la face pour ne

pas montrer l'amertume que vous ressentez de ces effroyables déceptions... Recommencez le geste à l'assemblée... Nos frères s'y tromperont comme moi... Le mouvement du bras est d'un homme rompu à toutes les finesses de la parole.

LÉTOCART

Et Amicie qui me raillait sur mon peu d'éloquence en public!...

DIGONEAUX

Notre sœur se trompe... Vous êtes né orateur!...

LÉTOCART

Vraiment?

DIGONEAUX

Fait pour impressionner les masses.

LÉTOCART

Ah! ah! Je sentais bien quelque chose remuer en moi...

DIGONEAUX

Vous possédez la fibre communicatrice des grands maîtres de la parole...

LÉTOCART

C'est l'occasion qui me manquait dans notre petite ville.

DIGONEAUX

Certainement... Il ne vous faut qu'un peu d'exercice... Parlez haut dans la forêt... Respirez à pleins poumons... Soignez vos adjectifs, vous deviendrez sous peu un des meilleurs orateurs d'Harmonie... Encore un conseil, si mon enseignement ne vous déplaît pas...

LÉTOCART

Je serais bien ingrat, mon père, de nier les qualités d'orateur que je ne me connaissais pas.

DIGONEAUX

Eh bien, quand vous aurez terminé votre période qui aboutit aux mots sacramentels *les plus effroyables déceptions,* vous vous couvrez la figure et j'ajoute à mon tour : *Oui, tous nous serions victimes... Le sol serait couvert des ossements de nos frères et il ne resterait pas trace de leur mémoire ici...*

LÉTOCART

N'est-ce pas un peu fort ?

DIGONEAUX

Si je n'avais veillé dans l'ombre et surpris d'audacieuses menées, je ne me montrerais pas si alarmiste.

LÉTOCART

Vous croyez que certains de nos frères conspirent ?

DIGONEAUX

Je suis sûr de la déloyauté de quelques sociétaires indignes... C'est pourquoi vous me voyez sans cesse faire ma ronde... Et c'est pourquoi je vous dis : Recrutez des voix et soyez ferme à l'assemblée...

LÉTOCART

Je serai ferme et éloquent.

DIGONEAUX

De la fermeté d'abord... L'éloquence coulera de source. (Digoneaux sort.)

SCÈNE III

LÉTOCART, montant la garde, **BRELU**, **TOUCHARD**, suivis d'ouvriers porteurs de pelles, de pioches, de piquets.

BRELU

Un beau jour, frères, que celui du partage des instruments de travail... A nous les outils que réclamaient en vain depuis longtemps les prolétaires d'une civilisation pourrie ! (Il prend une pelle.)

TOUCHARD

Qu'elle soit inscrite dans les fastes de la gloire la journée où sera délimitée la part de terrain qui revient à chacun de nous !

BRELU

Voilà donc enfin la réalisation de nos espérances... Nous sommes propriétaires... Si nous arrosons la terre de nos sueurs, au moins ce terrain nous appartient. (Il distribue les outils aux ouvriers.)

LES OUVRIERS

Vive la propriété !

BRELU

La propriété collective...

TOUCHARD

N'oublions pas que nous sommes collectivistes.

LES OUVRIERS

Vive la collective !

BRELU

Eh bien, partons pour la mine.

LES OUVRIERS

Partons pour la mine... (Ils s'étendent sur le gazon.)

LÉTOCART, montant la garde.

Si c'est ainsi qu'ils travaillent. (Les ouvriers boivent un coup.) Nos braves frères tuent le ver. (Les ouvriers allument leur pipe.) Si Digoneaux les voyait!... Le tabac est absolument défendu à Concordia...

BRELU, à Touchard.

Dis donc, Touchard, que je te fasse part d'une réflexion... On va partager le terrain de la mine... Bon... Il s'agit de travailler ferme... Mais après que nous aurons creusé notre tranchée, si nous ne trouvions rien ?...

TOUCHARD

Tant mieux, il vaut autant ne rien trouver, puisque tout filon d'or signalé à l'apôtre doit faire retour au fonds social...

BRELU

C'est dans les statuts ; mais celui-là n'est-il pas un niais qui s'appauvrit au profit d'une communauté ?...

TOUCHARD

Prends garde... Le bourgeois écoute...

LÉTOCART, *s'avançant vers les ouvriers.*

Frères, vous vous disposez à partager les terrains... Ne vous serait-il pas possible de me réserver un coin à l'ombre ?

BRELU

L'ombre appartient à tous... Tu auras ta part d'ombre comme les autres... L'égalité, je ne connais que ça...

LÉTOCART

Moi aussi je suis pour l'égalité... C'est ma sœur Amicie qui m'avait chargé de vous réclamer un peu d'ombre pour composer en paix ses poésies...

TOUCHARD

La femme est l'égale de l'homme... Son sexe ne doit pas être un privilège aristocratique, comme dans l'ancienne société... La citoyenne Amicie n'a pas droit à un pouce d'ombre de plus que nos frères les travailleurs...

LÉTOCART

Ils ne parlent que de travailleurs ; mais ils ne se pressent pas d'aller travailler... Moi, je travaille en montant la garde... (Il reprend son poste de sentinelle.)

TOUCHARD

Il n'a pas l'air de digérer son ombre, le bourgeois...

BRELU

C'est vrai qu'il fait rudement chaud aujourd'hui.

TOUCHARD

Trop chaud pour travailler à la mine... Si nous faisions une partie...

BRELU

Ça va... Mais je n'ai plus rien... L'apôtre a eu soin de garder l'apport qu'on avait fait pour moi.

TOUCHARD

Et ta part de terrain ?

LÉTOCART. Il s'est approché peu à peu et écoute.

Ai-je bien entendu ? Nos frères veulent jouer leur part de sol !...

BRELU, à Touchard en lui donnant des cartes.

Mon terrain à l'as de cœur.

LÉTOCART

Ces gens, véritablement, sont indignes d'être admis au partage des terres.

BRELU, abattant les cartes.

Pique, carreau, pique, cœur.

TOUCHARD

Trèfle, trèfle, trèfle, pique... Pas de chance ! Tout noir.

BRELU

Carreau, carreau, as de cœur... J'ai gagné... A moi le terrain... Voilà ma fortune qui commence.

TOUCHARD

Quelle chance ! J'ai perdu mon terrain...

LÉTOCART

Comment, frère, tu sembles heureux d'avoir perdu ta part de propriété...

TOUCHARD

Certainement que j'en suis bien aise... Plus de travail ! Liberté complète.

LÉTOCART

Et voilà un des prolétaires que j'ai amenés de Pont-Saint-Pierre ! (Il s'avance vers Touchard.) Frère, tu as été bien imprudent; mais pourtant, à titre de compatriote, tu m'intéresses encore... Je veux te donner...

TOUCHARD

De l'argent pour continuer la partie ?...

LÉTOCART

Non, je te connais maintenant : tu en abuserais... Je te donnerai un conseil...

TOUCHARD

Merci du pourboire, bourgeois... Il ne m'étouffera pas.

LÉTOCART

Suis bien mon raisonnement... Qu'est-ce que nous entendons par sol ? Une étendue de terrain en superficie... Tu as donc joué seulement ta part de sol superficiel... Mais le sous-sol t'appartient encore...

TOUCHARD

Fameux... Eh ! Brelu, je te joue mon sous-sol.

BRELU, quittant ses compagnons qui continuent à jouer aux cartes:

De quoi ?

TOUCHARD

Je n'ai perdu que le dessus de mon terrain, mais le dessous tu ne l'as pas gagné...

BRELU

C'est une chicane d'avocat.

TOUCHARD

Tu me dois bien une revanche... Ça te va-t-il, mon sous-sol contre ton sol?

BRELU

C'est parce que c'est toi... Allons. (Il s'assied et manie les cartes.)... Pique, carreau, pique, as de cœur... J'ai gagné...

LÉTOCART, à Touchard.

Malheureux... Non content de t'être privé du sol, tu te laisses dépouiller de ton sous-sol...

TOUCHARD

Le sous-sol, je m'en fiche autant que de l'entresol.

LÉTOCART

A quoi te serviront désormais tes outils?

TOUCHARD

C'est juste... Brelu, je te joue mes outils.

BRELU

Que veux-tu que j'en fasse?

TOUCHARD

Tu les vendras aux nègres de Yucato.

BRELU, à part.

Je savais bien que je ferais fortune... (A Touchard.) Allons continuer la partie en forêt... Il fait trop chaud ici. (Les ouvriers se lèvent et sortent.)

SCÈNE IV

LÉTOCART, puis FLAMME et AMICIE

LÉTOCART

Si ces gens se conduisent de la sorte, le sol de Concordia la capitale, notre sol à nous, va passer avec nos outils entre les mains des Américains... L'apôtre avait raison, nous avons affaire à des êtres dangereux... Après ma garde, il est urgent de le prévenir de tout ceci.

AMICIE

Ainsi, Flamme, vous vous faites fort de découvrir la cause de l'état maladif de Marthe.

FLAMME

Ma sœur, le magnétisme, joint au spiritualisme, ne connaît pas de secrets.

AMICIE

Marthe ne veut pas manger... Elle pleure, ne répond pas... Si je ne la connaissais, je la croirais en proie à des idées poétiques.

FLAMME

Elle a de votre sang, ma sœur; peut-être, en effet, l'esprit poétique la travaille-t-il, ainsi que vous le dites.

AMICIE

Oui, ma nièce a de mon sang; mais bien peu... Elle n'en a que l'élément matériel.

FLAMME

La matière... cela ne m'étonne pas... Vous avez pris en naissant la part du lion.

AMICIE

Oh !

FLAMME

Le front bombé par les fortes pensées...

AMICIE

Ah !

FLAMME

Au dedans de vous brûle un feu ardent qui vous consume et détruit tout ce qu'il peut y avoir de grossier dans la chair, les os, les muscles, les nerfs et les veines... Pauvre femme ! (Amicie secoue la tête en signe d'affirmation.) Comme vous deviez souffrir en province !

AMICIE

Oh ! oui.

FLAMME

Les hommes sont de grands coupables de ne pas comprendre des êtres qui là, sous la main, peuvent leur offrir des trésors d'ineffables tendresses, des greniers bourrés d'idées intellectuelles et généreuses. Ne pouvant dominer la femme, l'homme l'a avilie...

AMICIE

Il n'y a que dans le pays d'Harmonie qu'on entend de telles paroles... Mon cœur se dilate... Ah !

je bénis l'apôtre de m'avoir conduite à la terre promise!... Qui sait si sous ce langage, l'illustre magnétiseur spiritualiste ne cache pas une passion insensée pour moi!

LÉTOCART, s'avançant.

Eh bien, frère, comment avez-vous trouvé Marthe?

FLAMME

Je n'ai pas encore vu votre fille, mon frère.

LÉTOCART

Amicie, prie-la de venir.

AMICIE, à part.

Un homme qui s'appelle Flamme! Quel symbole. (Elle sort.)

SCÈNE V

LÉTOCART, FLAMME, AMICIE
puis MARTHE

LÉTOCART

Frère, c'est aujourd'hui qu'expirent les pouvoirs de l'apôtre... Ne pensez-vous pas que nous devions le renommer?

FLAMME

Qui songe à choisir un autre père?

LÉTOCART

On parle de quelques frères malveillants...

FLAMME

J'ai de l'influence sur les femmes d'Harmonie; elles voteront toutes comme un seul homme. Demandez à notre sœur Amicie? (Amicie et Marthe entrent.)

AMICIE

De quoi s'agit-il ?

FLAMME

De la réélection de l'apôtre.

AMICIE

Qui en doute ? Jean Digoneaux, dont le souvenir ne périra jamais, l'apôtre, a rendu à la femme ses droits naturels dans la société ; son nom est gravé pour toujours au fond du cœur de toutes nos sœurs.

FLAMME

Vous l'entendez !

AMICIE

Son nom se répandra dans toute l'Europe, partout où le sexe est opprimé.

FLAMME, à Marthe.

Vous ne dites rien, ma sœur ?

MARTHE

Je suis si étrangère à ces questions, monsieur.

AMICIE

Encore cete appellation démodée de monsieur !

LÉTOCART

Ma fille, je t'ai déjà priée à diverses reprises de qualifier de frères tous les citoyens d'Harmonie.

FLAMME

Elle paraît souffrante, vraiment... Voyons, ma sœur, où souffrez-vous ? Répondez-moi ; vous savez que vous n'avez affaire ni à un médecin charlatan, ni à un bourreau de chirurgien, ni à un voleur d'apothicaire, la honte de l'ancien monde... Toutes ces professions sont bannies du pays d'Harmonie.

AMICIE

Heureusement.

FLAMME

Ma sœur, la médecine est la science de tuer les

hommes; la chirurgie ne s'entend qu'à les disséquer quand leurs organes ont été empoisonnés par les drogues des pharmaciens. Le magnétisme a fait rentrer sous terre ces empiriques, ces imposteurs... Indiquez-moi le siège de votre mal, et je le fais disparaître aussitôt à l'aide de quelques passes.

LÉTOCART, à Marthe.

Réponds donc à ton frère?

AMICIE

Est-il permis de traiter si froidement le spiritualiste Flamme!... Oh! Flamme!

FLAMME, à Marthe.

Ma sœur, veuillez me donner votre main... Quelle finesse!...

AMICIE

Un peu maigre, sa main.

MARTHE

Monsieur, quand vous garderiez plus longtemps ma main dans la vôtre, vous ne découvririez pas une maladie qui n'existe que dans l'esprit de ma tante...

AMICIE

Je ne suis plus ta tante... Ta sœur, quoi que tu en dises, voit clair dans ton état.

MARTHE, à Létocart.

Mon père...

AMICIE

Entêtée insupportable!... Tu n'as plus de père... C'est ton frère.

FLAMME

Elle finira par s'y habituer... (Il prend Marthe à part.) Ma sœur, vous êtes souffrante, car je souffre moi-même... Le mal qui vous dévore parcourt mes veines. Tout mon être est en proie à une singulière fièvre...

MARTHE, retirant sa main.

Monsieur!...

AMICIE

Que dit-il? Je n'ai pas entendu...

FLAMME

Permettez que je termine ma consultation... Ma sœur, votre cœur parle : à l'émotion de votre personne, à la pâleur de vos traits, à votre regard, je comprends que la nature veut recouvrer ses droits.

AMICIE, s'approchant.

Hein ?

FLAMME, à Amicie.

Je suis à vous à l'instant, ma sœur. (A Marthe.) Ici, les passions non contraintes peuvent se jouer librement ; n'imposez pas silence à la voix de la nature... Faites un choix parmi les Harmoniens rassemblés dans le pays de Concordia, et celui qui aura le bonheur d'être l'objet de... (Coup de canon dans le lointain.)

SOCIÉTAIRES, criant.

Aux armes !

SCÈNE VI

LES MÊMES, DIGONEAUX suivi de MEMBRES DE LA COLONIE

DIGONEAUX

Aux armes ! Un navire est en vue... Songez, frères, à défendre notre territoire s'il est attaqué... Qu'on m'apporte des paquets de brochures ! Je les distribuerai à qui tenterait de nous faire violence.

LÉTOCART

Du danger ?... Je ne reste pas seul à monter la garde. (Il jette son fusil.)

AMICIE, à Digoneaux.

Mon père, veillez sur nous. (Elle s'enfuit.)

FLAMME

Nous ne sommes pas en sûreté ici. (Il se sauve.)

DIGONEAUX

Comment, vous me laissez seul, exposé aux fureurs d'une soldatesque étrangère ! (Coups de canon.) Une barque s'approche du rivage ; des hommes armés en descendent. Sauve qui peut. (Il fuit.)

SCÈNE VII

MARTHE, seule.

Ah ! si les sauvages pouvaient envahir le pays, je m'exposerais avec joie à leurs coups. La mort ! voilà ce que j'implore puisqu'Henri m'est enlevé. Je l'ai perdu pour toujours... Pauvre Henri, que fais-tu à cette heure? Penses-tu à moi? Henri! Henri! Je n'ai plus que ce nom dans la tête! Toutes mes pensées volent vers lui, traversent inutilement les mers et s'en reviennent tristes et désolées... La nuit je me réveille avec le nom d'Henr sur les lèvres. Rien de lui n'est perdu : ni le son de sa voix, ni la tendresse de son regard. (Elle tire un médaillon de son sein.) Voilà toute ma fortune... Une boucle de ses cheveux qu'il a pu me faire passer avant notre départ... Oh! que mon père a été cruel de nous séparer! Nous pouvions vivre si heureux à Pont-Saint-Pierre, moi près de lui, lui près de moi... Je mourrai ici, mais je mourrai avec son souvenir et mon dernier mot sera Henri! Henri!

SCÈNE VIII

HENRI, MARTHE

HENRI

Marthe! (Ils tombent dans les bras l'un de l'autre.)

MARTHE

Henri! cher Henri! Est-ce toi? Vraiment toi? Je n'ose le croire...

HENRI

Ma pauvre Marthe... Je ne pouvais vivre sans toi.

MARTHE

Oh! mon Henri!

HENRI

As-tu toujours pensé à moi?

MARTHE

Ne me fais pas de questions... Parle, parle-moi toujours... Que le son de ta voix me prouve que je ne rêve pas.

HENRI

C'est toi que j'ai soif d'entendre. Donne-moi ta main?

MARTHE

Donne-moi la tienne... Ah! (Silence.) Parle donc?

HENRI

Tu veux tout savoir?

MARTHE

Tout.

HENRI

Je me suis enfui de chez mon père, laissant dans

les larmes ma mère que j'aime tant... Mais il y avait une autre femme à qui j'avais juré de consacrer ma vie, une femme que tu connais, Marthe, n'est-ce pas, et je n'ai trouvé un moment de repos que lorsque mon parti a été pris. La vie me manquait quand on a fermé les portes de la maison de ton père ; il me semblait que j'étais seul vivant dans un cimetière. Rien ne pouvait me distraire. Ma mère me disait : Elle reviendra! Hélas! les jours se passaient et ma tristesse augmentait... Prends courage, me disait ma mère, elle t'écrira... Ah! que je t'en ai voulu, Marthe, de n'avoir pas écrit un seul mot!... Non, tu as bien fait, puisque tu m'as forcé de venir te trouver... Un jour, j'ai appris par un journal qu'une nouvelle expédition se préparait et qu'on faisait un appel aux émigrants; j'ai été trouver un ami de collège et je lui ai dit : je meurs si tu ne me prêtes pas la somme nécessaire pour m'embarquer pour l'Amérique... Depuis ton départ j'étudiais les brochures de l'apôtre que mon oncle avait introduites chez nous, avant sa brouille avec mon père : c'était pour essayer de comprendre ce que vous faisiez ici... Connaissant la doctrine, j'ai été me présenter au siège de la société; j'ai récité le catéchisme harmonien comme un sectaire dévoué... J'avais trois mille francs; j'étais jeune, plein de courage, on m'a admis au nombre des émigrants et me voilà à tes pieds pour toujours, si tu ne veux pas me renvoyer.

MARTHE

Méchant! te renvoyer, pourquoi?

HENRI

Si tu savais ce que j'ai souffert pendant la traversée, en compagnie de gens étranges qui viennent planter leur tente ici... Une sorte de philosophe qui veut tout bouleverser dans l'humanité et qui a une malle pleine de projets de réforme. Un phrénologue qui fait toutes sortes d'expériences sur les animaux et qui se charge de rendre les tigres plus doux que des moutons... Un mathématicien qui prétend que la société doit être chiffrée et qu'un homme n'est plus qu'un numéro... Quels fâcheux compagnons! Ils sont préoccupés surtout de la question des femmes. Voilà ce qui me faisait bondir... Dans une société nouvelle, disaient-ils, la femme... Je ne sais comment te dire...

MARTHE

La femme ?

HENRI

Il n'existe plus de femme...

MARTHE

Je ne comprends pas. Explique-toi.

HENRI

Eh bien, ils veulent que la femme soit toute à tous... Tu comprends mes inquiétudes pendant la traversée.

MARTHE

As-tu pu douter de moi, Henri ? Je mourrais plutôt... Toute à toi... Voilà ce que je veux.

HENRI

Tous s'accordaient à déplorer la difficulté qu'on a d'emmener des femmes de France.

MARTHE

Il est vrai ; sauf quelques femmes d'ouvriers qui ont suivi leurs maris, la colonie ne renferme que des aventurières... Autant que je peux, je ferme l'oreille aux théories de ma tante ; je voudrais oublier ses exagérations pour me rappeler seulement les liens qui m'unissent à elle.

HENRI

Quelles sont ses occupations ?

MARTHE

L'apôtre l'a autorisée à lire en public ses poésies... C'est une joie extrême pour elle, qui ne trouvait pas d'auditeurs complaisants à Pont-Saint-Pierre.

HENRI

Et toi, ma chère Marthe, que faisais-tu ?

MARTHE

Je pensais à toi... N'as-tu pas éprouvé quelquefois à Pont-Saint-Pierre ce qui m'est arrivé quand le vent de France soufflait ? Il me semblait que je respirais l'air de la petite ville où nous vivions si heureux... Je te suivais des yeux, je t'entendais parler de moi avec ta mère... Vous pleuriez, car ma tante est bonne... Ces souvenirs, tout mélancoliques qu'ils fussent, me rendaient heureuse un moment... Je ne me sentais pas tout à fait abandonnée.

HENRI

As-tu pu croire un instant que je t'oublierai ?

MARTHE

Non... Il me semble que si un pareil malheur avait dû arriver, je l'aurais deviné... Je serais tombée tout d'un coup brisée.

HENRI

Ma chère Marthe ! Moi, t'occasionner le moindre chagrin ! Avant de faire rougir tes yeux d'une seule larme... je voudrais mourir moi-même. Tu es si tendre quand tu souris. Un regard de toi, mais je traverserais encore demain la mer, si je croyais te retrouver en France.

MARTHE

On essaiera, Henri, de vous empêcher de vous rembarquer... Mais combien mon père va être surpris de ton arrivée !

HENRI

Comment me recevra-t-il?

MARTHE

Bien, puisque tu partages la doctrine... Garde-toi de combattre ses idées... Écoute patiemment les poésies de ma tante!

HENRI

J'ai bien pensé à ma conduite pendant la traversée... Je ne m'aviserai pas de protester... Après les discussions violentes entre ton père et le mien, après ces cruelles scènes de famille qui ont séparé nos parents pour jamais, je ne peux pas avouer que j'ai quitté la France pour toi.

MARTHE

J'ai un projet pour que nous soyons séparés le moins possible.

HENRI

Dis vite!

MARTHE

Il vaudrait peut-être mieux feindre de ne pas

connaître la science harmonienne... Tu as été séduit par les discours de l'apôtre et tu es venu le retrouver...

HENRI

Pour étudier à fond la doctrine, la pratiquer même.

MARTHE

C'est cela.

HENRI

J'irai demander des conseils à l'apôtre...

MARTHE

Non. C'est à mon père que tu devras t'adresser; fier de t'initier à la science nouvelle il pardonnera au neveu en faveur de l'élève dévoué.

HENRI

Comme tu es devenue diplomate en peu de temps!

MARTHE

Je vois les membres de la colonie s'assembler à tout instant, passer le temps à discourir et ne rien faire de pratique... Dans le principe chacun devait se faire cultivateur. On parlait de futures moissons d'une richesse !... Le blé devait pousser au commandement de l'apôtre... Les fleurs et les fruits les plus beaux abonderaient sans culture... Personne n'a voulu s'occuper de cultiver la terre ; si quelques ouvriers n'allaient à la chasse et à la pêche, je ne sais comment nous vivrions... Il en est de même des maisons, des habits : il y a à Concordia un charpentier, un menuisier et deux tailleurs, qui ont déclaré tout d'abord qu'ils n'étaient pas venus pour continuer leur métier.

HENRI

Que font-ils ?

MARTHE

Ils dorment; mais l'apôtre nous promet de véritables travailleurs qu'on lui envoie d'Europe; ils devaient se trouver avec toi.

HENRI

J'ai vu sur le vaisseau plus de discoureurs que d'ouvriers...

MARTHE

J'entends des voix.

HENRI

Ce sont mes compagnons de route...

MARTHE

Allons retrouver mon père. (Ils sortent.)

SCÈNE IX

DIGONEAUX, TRAPADOUX, FLAMME, GROLIG, TOUTE LA COLONIE

DIGONEAUX

Mes frères et mes sœurs, en mémoire de l'arrivée du philosophe Trapadoux, du savant docteur en phrénologie Grolig et de tous les émigrants qui ont fait une heureuse traversée, nous avons décrété que la ville de Concordia serait en fête ce soir... Cette arrivée coïncide à merveille avec la réélection du père. Des danses auront lieu sur la place, dans les rues : les bambinets et les bambinettes, espoir du pays de Concordia, réjouiront les yeux des hommes graves par leurs danses enfantines.

TOUS

Vive l'apôtre !

DIGONEAUX

Quelques-uns de nos frères avaient proposé d'élever un théâtre; mais nos études sur l'art dramatique depuis le commencement du monde nous ont prouvé qu'on ne mettait à la scène que les ridicules, les vices et les crimes des hommes : mauvais exemples à donner... Ici, dans le pays d'Harmonie, capitale Concordia, l'homme a dépouillé l'ancien homme : tous nos frères sont bons, doux et humains... Plus de ces plissements de fronts, de froncements de sourcils, de lèvres pincées de l'ancien monde, plus de ces regards scrutateurs qui cherchent à se mettre en garde contre des yeux trompeurs... Tous nous nous aimons... Après le travail, une accolade est la plus douce des récompenses... Mes frères, en votre nom, je donne l'accolade de bienvenue au philosophe Trapadoux. (Ils s'embrassent.)

TOUS

Vive l'apôtre !

DIGONEAUX

J'embrasse le phrénologue Grolig.

TOUS

Vive Digoneaux ! (Digoneaux donne également l'accolade aux nouveaux émigrants.)

DIGONEAUX

Mes frères, en présence de nos nouveaux adhérents, nous allons lire les principaux règlements qui nous unissent et qui font que jamais la division ne peut régner dans notre sein. Qu'on apporte les tables de la loi. (Deux harmoniens apportent un gros registre.)

SCÈNE X

LES MÊMES plus LÉTOCART, AMICIE, HENRI

LÉTOCART, à Digoneaux.

Mon père, je vous présente mon neveu Henri.

AMICIE

Dites votre frère...

LÉTOCART

Je n'y pense jamais... Jeune, touché par la parole de l'apôtre pendant son voyage à Pont-Saint-Pierre, Henri a cherché à découvrir la vérité dans nos brochures ; il l'a trouvée et sollicite l'honneur de faire partie des sociétaires de Concordia...

DIGONEAUX

A-t-il payé sa cotisation ?

AMICIE

Oui, mon père.

DIGONEAUX

Jeune homme, vous allez entendre la lecture des principaux articles qui font la base de la société nouvelle : écoutez-les avec attention, examinez-vous dans votre intérieur et si vous regrettiez les avantages fictifs de l'ancienne société, vous serez libre de ne pas prononcer le serment que nous vous demanderons.

HENRI

Je jure...

DIGONEAUX

Tout à l'heure. (Il lit.) Le pays de Concordia, capitale Harmonie, est fondé sur des bases certaines qui sont le libre jeu des passions humaines. Tous les êtres sont égaux; la femme est équivalente de l'homme.

TRAPADOUX, secouant la tête.

Oh!

DIGONEAUX

Ce n'est plus un être mineur comme dans toutes les sociétés civilisées, c'est un être majeur.

AMICIÉ

Bravo!

GROLIG

Le cerveau de la femme est inférieur.

DIGONEAUX

Pas d'observations!

TRAPADOUX

Cependant?...

DIGONEAUX

Notre Code est adopté, le règlement est en vigueur, on ne peut discuter le Code. (Il continue à lire.) En Harmonie la femme est l'égale de l'homme; elle a même certaines qualités qui démontrent sa supériorité.

TRAPADOUX

Je demande la revision de ce paragraphe...

DIGONEAUX

Pas de revision !

TRAPADOUX

Comment, dans un pays vierge ?

DIGONEAUX

Revision produit vision. Les revisionnaires sont des visionnaires. La revision c'est la division. Pas de revision en Harmonie, pas de division dans la capitale Concordia. Les savants auteurs du Code d'Harmonie ont prévu le cas; aussi une revision ne peut être sollicitée qu'après une période de cinquante ans.

GROLIG

Permettez, mes frères, il faut cependant se tenir au courant des découvertes scientifiques; il a été prouvé récemment en Allemagne que le cerveau de la femme, inférieur à celui de l'homme, ne pouvait donner naissance aux combinaisons profondes qui ont produit les grands génies de l'humanité... Plusieurs cerveaux de femmes ayant été disséqués...

AMICIE

L'abomination !

DIGONEAUX

Nous n'admettons pas d'anatomistes en Harmonie. Il n'y a que la vieille Europe, cadavre elle-même, pour croire à la science cadavérique.

LÉTOCART

Bien parlé.

GROLIG

Sans vouloir introduire ici des anatomistes, je dis qu'on doit profiter de leurs découvertes ; ils ont trouvé que l'infériorité du raisonnement de la femme...

AMICIE

La femme raisonne supérieurement...

LÉTOCART

Supérieurement.

DIGONEAUX

Le sujet ne comporte pas la discussion.

TRAPADOUX

Comment, vous enlevez la parole au célèbre phrénologue Grolig qui a droit à tout notre respect!...

DIGONEAUX

Si vous m'aviez laissé lire l'article 2 de la Constitution, vous auriez vu qu'il n'est pas permis d'interrompre la lecture des articles. Notre frère Grolig a manqué au règlement.

GROLIG

Je ne le connais pas encore; mais je dis que les chimistes allemands ayant découvert que l'infériorité du concept chez la femme provenait de la petite quantité de phosphore contenue dans son cerveau...

AMICIE

Quelle horreur! du phosphore!

GROLIG

Oui, du phosphore... L'homme possède une quantité de phosphore beaucoup plus notable que la femme.

AMICIE

Le matérialiste!

DIGONEAUX

Je rappellerai notre frère Grolig à l'ordre... La chimie, la physique, l'anatomie, la pharmacie sont exclues de notre enseignement social pour cause d'inutilité... Je continue la lecture du Code... En entrant dans le pays d'Harmonie, capitale Concordia, tout aspirant au beau titre d'harmonien doit jurer de renoncer à ses vices... S'il s'est livré à la boisson pour oublier les chagrins que fait naître la civilisation, il devra se réformer...

LÉTOCART

Plus d'ivrognes!

DIGONEAUX

Il est défendu de fumer... Le tabac est un des excitants les plus dangereux de la civilisation... Les harmoniens reçoivent les ordres du père et lui doivent obéissance complète. En arrivant au pays d'Harmonie, ils s'engagent à exécuter tous les travaux manuels que la société réclame. Les heures des repas, du lever, du coucher sont uniformes, ainsi que les heures de travail que nous avons cherché à rendre agréables. Il a été reconnu que les enfants se plaisent dans l'agitation, dans le remue-ménage; aussi leur a-t-on confié le soin de nettoyer la vaisselle; ils s'en amusent les premiers et vous les verrez ce soir dans un petit divertissement qui d'habitude égaie nos frères. Quant à ce qui est relatif à l'union des sexes, tout homme a droit à une femme, toute femme a droit à un homme. Chacun jouit de sa fonction en Harmonie... Nous avons supprimé le célibat, qui n'est qu'une forme de fainéantise... Un célibataire est un débauché dans l'ancienne civilisation, en Harmonie nous le tenons pour un paresseux.

AMICIE

Bravo.

TRAPADOUX

Un mot...

DIGONEAUX

Pas d'observations. Les harmoniens qui désirent s'unir se présentent le samedi soir, jour du repos, devant l'assemblée présidée par le père et déclarent simplement qu'ils se conviennent. Telle est la forme normale du mariage à Concordia. S'il n'y avait pas de concordance de caractère, les époux peuvent s'éprouver pendant la première semaine; le samedi suivant ils viennent devant l'assemblée expliquer les raisons qui les empêchent de vivre heureux. L'union est rompue. Voilà les moyens que nous avons pris pour supprimer l'adultère dont heureusement il ne s'est déclaré aucun cas depuis la réalisation harmonienne.

AMICIE

Non, plus d'adultère!

DIGONEAUX

Le pays se développera peu à peu : nous avons à tenir nos frères d'Europe au courant de ce qui se passe ici. Le père seul a droit à une presse d'imprimerie destinée à la publication d'une feuille mensuelle qu'il rédige sans contrôle et dont il donne lecture tous les premiers de chaque mois à l'assemblée. La caisse est tenue par le père qui n'en doit compte qu'à l'assemblée générale.

TOUS

Vive l'apôtre! (Trapadoux et Grolig se taisent.)

DIGONEAUX

Article dernier. Si un harmonien veut se séparer de la société, la masse qu'il a déposée retourne au fonds social et ne lui est pas rendue. En cas de nécessité seulement, l'apôtre autorise son rembarquement pour l'Europe... aux frais du consulat français.

TRAPADOUX

Vous avez un consul ici ?

DIGONEAUX

A cent lieues... Mes frères, pour recevoir dignement les nouveaux harmoniens, après le dîner, chacun sera tenu de se rendre sur la place pour entendre un nouveau fragment du livre poétique : *Fleurs et Pleurs,* de notre célèbre sœur Amicie.

TRAPADOUX

Comment, je serais forcé d'entendre cette dame

âgée réciter des vers..., la plaie de l'ancienne civilisation...

AMICIE

Réaliste !

DIGONEAUX

Notre sœur Amicie a compris la doctrine dans tous ses développements : sa poésie qui en est empreinte tend à faire pénétrer plus profondément les tendresses harmoniennes... (A Grolig.) Et vous verrez que le phosphore ne manque pas dans ce cerveau brûlant...

TRAPADOUX

Sommes-nous venus ici pour entendre lire des poésies ?...

GROLIG

On ne nous a pas dit à Paris que la femme régnait en souveraine dans le pays de Concordia.

DIGONEAUX

Les femmes ne règnent pas ici, elles sont nos égales.

TRAPADOUX

Vous nous imposez une muse, un esprit romanesque, un bas-bleu de province.

AMICIE

Je me trouve mal.

GROLIG

Voilà qui démontre suffisamment une très petite quantité de phosphore...

LÉTOCART, frappant dans les mains de sa sœur.

Amicie !

AMICIE, se relevant.

Eh bien, j'en aurai du phosphore ! Je défendrai mon sexe contre ces oppresseurs de la grâce et de la beauté. (A Trapadoux.) Prouvez-moi la supériorité de l'homme sur la femme...

LÉTOCART

Oui, qu'il le prouve...

TRAPADOUX

Pauvre intelligence!

DIGONEAUX

Pas d'acrimonies, des raisonnements...

LÉTOCART

Des raisons...

TRAPADOUX

Je nie toute intelligence chez la femme.

AMICIE

La preuve?

TRAPADOUX

La meilleure femme, a dit un despote, est celle qui fait le plus d'enfants.

AMICIE

Grossièreté, grossièreté!

TRAPADOUX

Alors, c'est une ménagère estimable.

AMICIE

Platitude !

TRAPADOUX

D'autres se donnent aux premiers venus, vendent leurs charmes, distraient les riches blasés, ruinent les innocents, apportent le trouble dans la société et ne font pas d'enfants. Ce sont les courtisanes.

AMICIE

Létocart, laisserez-vous ainsi insulter mon sexe ?

TRAPADOUX

Ou courtisanes ou ménagères. Depuis le commencement du monde il en a été ainsi et il en sera toujours de même.

AMICIE

Digoneaux m'a donné un titre dont je suis fier, il m'a appelée penseur.

TRAPADOUX

Penseur ! Qu'en pensez-vous, Grolig ?

GROLIG

Si madame était morte, je démontrerais à l'assemblée par l'autopsie de son cerveau que les chimistes ont raison de nier le manque de phosphore nécessaire à la concentration de la pensée...

DIGONEAUX

Dans chimie on trouve chimère... Un chimiste est un être chimérique.

LÉTOCART

Voilà qui est parlé...

GROLIG

Vous ne voulez pas de la chimie, soit... Je jugerai extérieurement madame... Son gros front carré, que vous prenez peut-être pour un front de génie, n'est qu'une erreur de la nature... La femme doit avoir un petit front, c'est son caractère particulier. Que croyez-vous que contient ce gros front?... De l'eau, pas autre chose... Toute femme à gros front tient de l'hydrocéphale.

AMICIE

Assez! ces horribles détails chirurgicaux...

TRAPADOUX

Vous font peur, n'est-ce pas?

GROLIG

Les pensées flottent dans cette espèce de mare sous-frontale et n'ont pas le temps de se solidifier...

AMICIE

Quoi, personne pour me défendre! Létocart, Flamme, ne viendrez-vous pas à mon secours? (A Grolig.) Monsieur, je vous défends de toucher à ma tête plus longtemps.

TRAPADOUX

Vous faites bien d'appeler un homme à votre secours, car je ne peux discuter plus longtemps avec vous sans mentir à mes propres doctrines. La femme étant un être inférieur, une sorte de rienniste, moi, être supérieur, je manque de logique en consentant à l'écouter une seconde.

AMICIE

Apôtre, à mon secours! Il ose appeler la femme rienniste.

DIGONEAUX

Et vous, qu'êtes-vous?

TRAPADOUX

Philosophe positiviste.

DIGONEAUX

Je m'en doutais... Êtes-vous venu en Harmonie avec le coupable projet d'y jeter le trouble?

TRAPADOUX

Vous êtes encore vieux d'idées, tout à fait vieux... La femme à vos yeux est un être quelconque... Les docteurs du moyen âge qui déclaraient que la femme n'avait pas d'âme étaient plus avancés que vous...; je vous regarde comme le dernier des idéalistes.

DIGONEAUX

Le maître, (Il se découvre.) dont nous mettons la doctrine en pratique, nous a tracé le rôle de la femme dans la société future... Il respectait la femme...

TRAPADOUX

Le maître a fait son temps, le maître est mort... N'ayons pas de respects insensés pour un homme qui n'est plus... A bas les idoles!

AMICIE

Cet homme brutal ne doit pas aimer les fleurs.

TRAPADOUX, (Il prend un bâton, va vers un arbre chargé de fleurs et les arrache.)

Quand les femmes voudront s'élever au pouvoir, protégées par quelques imbécillistes, voilà le sort que je leur réserve.

AMICIE

Il a coupé les fleurs, le lâche!. Mais vous ne savez donc pas qu'elles souffrent comme nous? (Elle.

les ramasse.) Pauvres fleurs moissonnées avant l'âge par un brutaliste, pour me servir de son affreux langage... Oui, brutaliste! Ces fleurs, tombées tristement sur le sol, souffrent et se plaignent dans un langage que vous ne comprendrez jamais.

DIGONEAUX

Notre sœur Amicie ne ferait pas de mal à une allumette; elle respecte tout dans la nature... Si vous connaissiez la pièce de poésie où elle remercie les chenets de se mettre dans le feu pour nous, et les marmites de griller leurs flancs, vous la comprendriez...

AMICIE

Vous vous dites philosophe... Avez-vous jamais recommandé aux maçons de ne pas trop charger de pierres un mur, car la pierre souffre aussi... Comprenez les gémissements du bois quand on enfonce des clous dans ses fibres... Tout vit dans la nature... Le système nerveux des ardoises est agité au dernier des points alors que le soleil ardent darde sur un toit. Qui est le plus malheureux, du condamné ou de la hache? C'est la hache:

l'homme souffre peu, mais la hache saigne et ne peut se pardonner d'avoir donné la mort.

DIGONEAUX

Bien parlé, ma sœur...

TRAPADOUX

Et nous avons quitté l'Europe pour entendre ces rengaines !

FLAMME, à Trapadoux.

Il y aurait peut-être moyen de s'entendre.

TRAPADOUX

Vous me faites l'effet d'un fusionniste... En voilà assez... Je quitte immédiatement ce pays si je suis obligé d'entendre de tels principes, je m'embarque demain.

AMICIE

Tout de suite.

TRAPADOUX

Viens, Grolig, laissons ensemble ces femmes et ces rêveurs. Mais nous nous reverrons. (Ils sortent.)

DIGONEAUX

L'esprit des nouveaux débarqués est encore rétif aux sentiments de concorde, imbus que sont les hommes qui ont quitté l'ancienne civilisation des schismes qui la divisent. Ils reviendront, j'en suis certain, à des idées plus pacifiques; le fond d'aigreur qui est en eux se dissipera en pleine nature... Pour le moment, ne nous préoccupons que de faire goûter à nos frères anciens et nouveaux les honnêtes plaisirs d'Harmonie. (On entend aux environs une musique de carillon.)

SCÈNE XI

Entrée des frères d'Harmonie. Ils apportent des bancs et un dôme de feuillage sous lequel s'assied Digoneaux. A ses côtés se rangent Létocart, Amicie, Marthe, Henri, Brelu, Touchard et les sociétaires. Deux hommes plantent en terre un piquet avec un écriteau portant en gros caractères : BALLET DES ORIGINES DE L'HOMME.

DIGONEAUX

Et maintenant, que la fête commence !

Douze nègres entrent en courant et vont s'agenouiller devant Digoneaux. Ces nègres portent sur le ventre un cadran d'horloge dont les timbres variés forment un carillon harmonieux. Bamboula à laquelle viennent se mêler douze négresses dont les seins sont recouverts de plus petits cadrans. — Danse des négresses qui agacent les nègres et les fuient. — Des singes, attirés par ces carillons, passent leurs museaux à travers le feuillage des branches élevées des cocotiers. — Peu à peu, pendant le divertissement, le son des horloges s'alanguit. Les nègres et les négresses profitent d'un instant de repos pour remonter les cadrans.

DIGONEAUX. (Il donne le signal des applaudissements et s'adresse aux nouveaux débarqués.)

A une lieue du territoire de Concordia se trouve Yucato, petite ville Mexicaine réputée par l'excellence de ses produits d'horlogerie... Nos frères se passent de cette coûteuse industrie... En Harmonie le seul cours du soleil guide nos actes... Mais nous profitons des loisirs des honnêtes ouvriers d'Yucato, lorsqu'ils viennent en forêt pour rendre la souplesse à leurs corps fatigués, et jusqu'alors leurs bamboulas piquantes ont suffi pour intéresser nos adhérents... (Aux nègres.) Que le ballet des *Origines de l'homme* continue.

Les nègres se rangent en ligne, ayant en face les négresses. Une heure bruyante sonne au cadran des nègres ; les négresses répondent par le son plus doux de la première heure. Même carillon pour la seconde, la troisième heure jusqu'à la douzième, le tout entremêlé de danses. — Après que la douzième heure a sonné, une grêle de noix de coco, lancée par les singes, est dirigée spécialement contre les nègres qui s'enfuient en laissant tomber leurs cadrans. Les négresses affolées veulent suivre les nègres ; elles en sont empêchées par les singes. — Lutte des singes avec les négresses qui cherchent à se dérober à leur frénésie. Pendant ce divertissement, des macaques âgés, qui ne se livrent pas aux ardeurs de la danse, essaient de remonter les cadrans d'horloges ; mais ignorants dans l'engrènement des rouages, ils en faussent la savante harmonie. La sonnerie semble ivre ; avec fracas se détraquent les grands ressorts. — Après avoir vainement supplié les négresses de répondre à leur ardeur, les singes, sans se préoccuper de leur résistance, s'en emparent et les entraînent à demi évanouies dans leurs profondes tanières, ainsi que sous les épais ombrages des cocotiers.

DIGONEAUX

Mes frères, voyez et méditez... Voilà des nègres naïfs qui nous donnent sous forme de bamboula, et avec plus de certitude que les naturalistes et les savants, une idée précise des origines de l'homme.

Applaudissements. Les harmoniens emportent, sur leurs épaules, Digoneaux dans son dôme de feuillage.

III

UNE ÉLECTION DANS LE PAYS

D'HARMONIE

II

Longue salle sans ornements; murs blanchis à la chaux. — Estrade au fond. — Le buste de l'apôtre Digoneaux au-dessus du bureau.

SCÈNE PREMIÈRE

MARTHE, puis HENRI

MARTHE
(Elle tresse des couronnes de feuillage.)

HENRI

Ma chère Marthe, je viens me réfugier près de toi... On ne rencontre que des gens agités.

MARTHE

Que se passe-t-il ?

HENRI

Les élections. J'ai amené avec moi la tempête.

MARTHE

Ah! ce philosophe Trapadoux! Ma tante en fera une maladie.

HENRI

Digoneaux sera renommé; mais il faut s'attendre aux cris d'une minorité soulevée par le philosophe et le phrénologue.

MARTHE

Que nous importe !... Ces troubles nous servent; pendant que les esprits sont entraînés ailleurs, personne ne s'occupe de nous.

HENRI

On s'occupe plus de nous que tu ne le penses, Marthe... Nous courons un danger.

MARTHE

Voudrait-on nous séparer ?

HENRI

Hélas ! au contraire.

MARTHE

Je ne te comprends pas.

HENRI

Digoneaux et ta tante m'ont laissé entrevoir leur secrète pensée... Préoccupés de détourner les esprits pendant l'assemblée générale, ils voudraient donner le spectacle de notre union...

MARTHE

Eh bien ?

HENRI

Accepterais-tu de m'épouser aujourd'hui à la face du ciel, avec le droit huit jours après de rompre ce mariage ? Je t'aime, ma chère Marthe, plus que je ne saurais le dire... Pour toi j'ai fui ma famille, laissant ma mère dans les larmes; mais je ne voudrais pas abuser de ton amour en consentant à une union proclamée par de tels hommes... Il me semble que cela nous porterait malheur.

MARTHE

Que faire ?

HENRI

Attendre une occasion favorable... et retourner en France.

MARTHE

Mais mon père ne consentira pas à mon départ ?

HENRI

J'ai quitté ma mère pour toi.

MARTHE

Puis-je laisser ici mon père et lui causer ce chagrin ?... Il m'a emmenée pour mon bonheur, dit-il.

HENRI

Tu te sens heureuse ici?...

MARTHE

Oui, près de toi.

HENRI

Pouvons-nous rester éternellement dans un tel milieu? J'ai pris des mesures pour te ramener en Europe.

MARTHE, pensive.

Oh! retourner à Pont-Saint-Pierre!

HENRI

A vingt lieues d'ici se trouve un petit port américain où nous avons relâché... J'essayerai d'y gagner ma vie; aucun effort ne me coûtera... J'ai mes bras, j'offrirai mes services sur le port. Que m'importe si je peux amasser de quoi faire face aux frais de passage sur un vaisseau pour notre retour en Europe... Tu soutiendras mon courage.

MARTHE

Mon pauvre Henri, je dois obéissance à mon père.

HENRI

En acceptant la constitution de l'utopiste Digoneaux, ton père s'est dépouillé de ses droits naturels... Ne t'appelle-t-il pas sa sœur ?...

MARTHE

Il est vrai.

HENRI

Tu n'es plus sa fille...

MARTHE

Des mots... Au fond, mon père me reconnaît toujours pour son enfant.

HENRI

Marthe, tu ne m'aimes pas...

MARTHE

Quel était le nom que je répétais quand tu m'as

surprise à ton arrivée? Henri, n'est-il pas vrai. Si tu n'étais pas venu, tous les jours j'aurais continué à appeler Henri; si tu m'avais abandonnée, j'aurais encore répété : Henri! Si tu me quittais, quoique mon cœur fût brisé pour la vie, je dirais toujours : Henri! Que demain la mort vienne s'emparer de moi, je n'aurai qu'un mot sur les lèvres : Henri, Henri! Il me semble que ce nom, il n'y a que toi qui puisse le porter, qu'il a été fait exprès pour toi... Quand je souffre je n'ai qu'à le répéter, aussitôt mon cœur est rafraîchi... Crois-tu que je t'aime?

HENRI

Ingrat que je suis! (Il tombe aux genoux de Marthe.)

MARTHE

Henri, relève-toi, voici le philosophe Trapadoux qui vient de ce côté, il a l'air irrité...

HENRI

Les émigrants qui étaient avec moi l'accompagnent. Laissons-les discuter à leur aise. (Ils sortent.)

SCÈNE II

TRAPADOUX, entouré D'ÉMIGRANTS, GROLIG, puis DIGONEAUX

TRAPADOUX

Vous voyez dans quel état se trouve la colonie ; la faute doit en retomber sur la tête de Digoneaux.

GROLIG

Il faut qu'un blâme lui soit infligé par l'assemblée générale.

TOUS

Oui, le blâme.

TRAPADOUX

Un blâme ne suffit pas... Digoneaux se rirait de nous... Un blâme!... La belle affaire!... Il continuerait à gouverner la colonie, ainsi qu'il l'a fait jusqu'à présent... Renversons cet homme ou cet homme nous renversera...

TOUS

A bas Digoneaux!...

DIGONEAUX, arrivant dans le fond.

Je me doutais de quelque scélératesse de ce Trapadoux. (Il se cache derrière le bureau.)

TRAPADOUX

Pas un moment à perdre; que chacun sème l'alarme dans la colonie... Ne craignez pas de montrer à tous ces hommes soi-disant libres qu'ils sont dans un esclavage plus rigoureux que celui de n'importe quel autocrate... Emparez-vous de l'esprit des quelques sociétaires qui ont la confiance de tous, le troupeau suivra... Grolig, je compte sur vous.

GROLIG

Digoneaux renversé, qui mettrons-nous à sa place?

TRAPADOUX, à part.

La sotte question! (Haut.) Plus d'ambitieux! Plus de ces hommes qui préfèrent la puissance au bien de tous.

GROLIG

On demandera en faveur de qui il faut voter.

TRAPADOUX

L'homme est incapable de commander à d'autres hommes. Ses faiblesses, ses passions lui interdisent tout commandement... Celui qui gouvernera la colonie, c'est un être invisible, impalpable, qui s'appelle...

GROLIG

Qui s'appelle?...

TRAPADOUX

Avenir premier.

TOUS

Vive Avenir premier! (Il sortent.)

SCÈNE III

TRAPADOUX, puis DIGONEAUX

TRAPADOUX

Pauvres têtes! Comme on vous mène avec des mots... Ils m'auraient acclamé père avec enthousiasme, si je l'avais voulu... Dans un an, peut-être plus tôt, ils me briseraient comme du verre... Je les défie de renverser Avenir premier; mais je serai la voix, le bras, la volonté d'Avenir premier et... .

DIGONEAUX, sortant de sa cachette.

Je vous cherchais, mon frère.

TRAPADOUX

Vraiment...

DIGONEAUX

Je voulais vous exposer en détail tous les plans

que je rêve pour la colonie... J'espère, mon frère, que vous ne me tenez pas rigueur, à la suite de notre discussion à propos de la question de la femme.

TRAPADOUX

Pouvais-je laisser, sans protester, s'établir cette dangereuse suprématie féminine..?

DIGONEAUX, il se recueille.

Frère, je pense absolument comme vous...

TRAPADOUX

Bah !

DIGONEAUX

Pourquoi brusquer ces êtres faibles qu'il est si facile d'enguirlander avec quelques flatteries ?... Le maître a inventé cette belle formule : « *Tout par l'amour, tout pour l'amour !* Mais moi qui connais le fond de sa pensée, je vous assure qu'il en riait en secret.

TRAPADOUX

Que faites-vous de la vérité ?

DIGONEAUX

La vérité ! Gouverne-t-on avec des vérités dangereuses ? Vous avez trop de qualités exceptionnelles pour croire à cette baliverne de vérité...

TRAPADOUX

Je n'aime pas à jouer la comédie ; le mensonge m'est antipathique.

DIGONEAUX

Sans mensonges, je vous défie de mener huit jours une bande de huit individus.

TRAPADOUX

Vous acceptez le jésuitisme ?

DIGONEAUX

L'ancienne civilisation a abusé, il est vrai, de ses doctrines... Je distingue entre l'abus et l'usage ; entre nous une société nouvelle, si révolutionnaire qu'elle soit, a besoin d'esprits jésuitiques...

TRAPADOUX

Où voulez-vous en venir ?

DIGONEAUX

J'ai la plus haute estime pour votre rude sincérité : elle peut être grandement utile dans une société nouvelle en voie de perfectionnement... Vous sentez-vous quelque ambition ?

TRAPADOUX

Point.

DIGONEAUX

Vraiment, vous n'éprouveriez aucune jouissance à conduire des hommes, à les diriger, à les pétrir comme une pâte molle ?

TRAPADOUX

C'est du despotisme.

DIGONEAUX

Du despotisme éclairé.

TRAPADOUX

A quoi bon?

DIGONEAUX

Je vous croyais plus politique et je ne désespérais pas de vous faire partager mes vues... Mon but était de vous proposer à l'assemblée en qualité d'auxiliaire... Vous seriez mon bras droit... Je vous dresse pendant un an au difficile métier de conduire des hommes... Au bout de l'année, ma présence étant nécessaire en Europe, j'y retourne avec la réputation que me vaut la haute position que j'occupe ici... La propagande continuant ferme, l'argent des souscripteurs abonde... Que vous demandais-je, un peu de patience pour rester ici quelques années; à votre tour, plus tard, vous revenez en Europe vous livrer à une vie de délices.

TRAPADOUX

Je croyais que vous aviez la civilisation en horreur?

DIGONEAUX

Oui et non... Je suis franc avec vous et je veux

jouer cartes sur table... Il y a vingt ans que je fais de l'apostolat... Depuis combien de temps pratiquez-vous la philosophie ?

TRAPADOUX

Depuis vingt-cinq ans.

DIGONEAUX

Combien avez-vous gagné à ce métier, année moyenne ?

TRAPADOUX

Presque rien.

DIGONEAUX

Et comment viviez-vous de rien ?

TRAPADOUX

Je donnais des leçons à des fils de bourgeois...

DIGONEAUX.

Plus corrompus que leurs pères...

TRAPADOUX

S'il est possible.

DIGONEAUX

L'apostolat rapportait un peu plus : on m'accordait même trop facilement le logement. En province, quinze fois j'ai été jeté en prison ; à Paris, j'ai passé huit jours dans une maison de fous. Vous comprenez que j'ai bien le droit de médire de la civilisation. Mais quand se développera une propagande sérieuse, notre caisse regorgera d'argent, soyez-en certain... Alors Digoneaux, l'ancien père de Concordia, jouira de sa réputation en Europe et l'exploitera.

TRAPADOUX

Vous manquez de préjugés...

DIGONEAUX

A quoi bon !... Au début, je donne à Paris des fêtes brillantes... Je suis riche, chacun vient à moi ; je suis encore apôtre, mais apôtre qui a su faire ses affaires... C'est ainsi que la civilisation devient possible... Voilà le sort que je vous réservais par la suite, mais vous n'êtes pas assez ambitieux...

TRAPADOUX

L'ambition me manque...

DIGONEAUX

C'est singulier, sans être physionomiste autant que le frère Grolig, j'aurais juré qu'une part de pouvoir ne vous eût pas semblé trop lourde.

TRAPADOUX, à part.

Il a tout entendu. (Haut.) Nous reparlerons de ceci plus tard.

DIGONEAUX

Plus tard, il sera trop tard... Là, regardez-moi en face.

TRAPADOUX, grave.

Quelle singulière idée... Eh bien, je vous regarde...

DIGONEAUX

Vous êtes trop sérieux...

TRAPADOUX

Vous voudriez peut-être que je plaisante ?

DIGONEAUX

Sans doute... Que nous riions de la crédulité humaine, comme deux augures... Ah! ah! ah!

TRAPADOUX, se forçant.

Ah! ah! ah!

DIGONEAUX

A la bonne heure, nous commençons à nous entendre.

TRAPADOUX

Mais les amis que j'amène d'Europe ?

DIGONEAUX

Vos amis! (Il rit.) Est-ce qu'un grand politique a des amis!

TRAPADOUX

Et les promesses de réformes que je leur ai faites ?

DIGONEAUX

Des réformes en Harmonie! Ah! ah! ah! Riez donc, mon compère...

TRAPADOUX

Je voudrais partager votre gaîté, mais...

DIGONEAUX

Peut-être avez-vous un vieux fond de conscience?

TRAPADOUX

Précisément.

DIGONEAUX

Il faut donc satisfaire cette encroûtée conscience...

TRAPADOUX

Comment?

DIGONEAUX

Vous me paraissez né contradicteur... J'accepte vos contradictions, mais sur un point déterminé...

TRAPADOUX

Quel point?

DIGONEAUX

Sur le mariage, par exemple... Ce terrain vous convient-il?

TRAPADOUX

Voudriez-vous me marier?

DIGONEAUX

Non pas... Je vous parle de question de principes; sur certains je me laisserai volontiers battre par vous... Ils s'offrent d'eux-mêmes à une discussion courtoise aujourd'hui, car je dois procéder solennellement à l'union d'un de nos frères, d'une de nos sœurs... Ne craignez pas d'exposer vos opinions, fussent-elles contraires aux miennes... Vous avez des idées, n'est-ce pas?

TRAPADOUX

On me l'a dit quelquefois.

DIGONEAUX

Le mariage, dont l'ancienne civilisation a fait un

traquenard pour les époux, deviendrait en Harmonie une fosse profonde dans laquelle disparaîtraient à jamais les utopies de vos amis.

TRAPADOUX

Je ne saisis pas...

DIGONEAUX

La question du mariage, base fondamentale de toute société, il vous est facile de l'étendre, d'allonger indéfiniment la thèse, de l'embrouiller même de telle sorte qu'elle prime toutes les autres réformes et les empêche de se produire...

TRAPADOUX

Vous êtes un homme de ressources.

DIGONEAUX

Avec votre aide, elles seront inépuisables... Il faut bien donner de l'occupation à nos gogos...

TRAPADOUX

Vous dites?

DIGONEAUX

Nos frères... Eh bien, est-ce convenu?

TRAPADOUX

Je vous ai bien compris...

DIGONEAUX

Tope là, mon compère...

TRAPADOUX lui donne une poignée de main.

Ne me disiez-vous pas que, dans un an, vous seriez prêt à me céder le gouvernement de la colonie?

DIGONEAUX, lui serrant fortement la main.

Certainement; mais voici des gens qui viennent... Sortons, nous causerons plus à l'aise.

SCÈNE IV

LÉTOCART, FLAMME, AMICIE

FLAMME

Mon frère et ma sœur, veuillez me prêter toute votre attention : je caresse un projet que je désire vous soumettre avant de l'exposer en assemblée générale.

AMICIE

Mon frère Flamme ne peut avoir que des idées généreuses.

LÉTOCART

Je vous écoute.

FLAMME, déclamant.

Le mariage, tel qu'il est institué parmi nous, est peut-être la plus belle conquête que l'homme ait jamais faite.

AMICIE

Oh ! oui.

FLAMME

Je veux me marier.

AMICIE

Ce sera une belle fête pour l'assemblée générale. Vous aimez... quelqu'un... mon frère ?

FLAMME

Oui, j'aime...

AMICIE

En secret ?

FLAMME

Je n'ai jamais osé avouer ma passion.

AMICIE

Aimez-vous depuis longtemps ?

FLAMME

Depuis le premier jour où elle m'est apparue.

AMICIE

Mais enfin, depuis quelle date ?

FLAMME

Il y a six mois déjà.

AMICIE, à Létocart.

C'est l'époque de notre arrivée... Il m'aime, j'en étais certaine... (A Flamme.) Faut-il m'éloigner, mon frère ?

FLAMME

Restez, ma sœur, je vous prie.

AMICIE

Il a dit : restez !

LÉTOCART

Si la femme que vous avez choisie consent à vous donner son cœur, personne ne peut s'y opposer.

AMICIE

Elle y consent...

FLAMME

Vraiment ?

AMICIE

Elle me l'a avoué.

FLAMME

Elle m'avait deviné ?

AMICIE

Essayez donc de tirer un rideau sur l'ardeur de vos regards... Ah ! mon frère !

FLAMME

Ma sœur ! (Ils se donnent la main.)

AMICIE

Quelle étreinte ! J'en mourrai.

FLAMME, se jetant dans les bras de Létocart.

Mon frère... laissez-moi vous embrasser !...

SCÈNE V

LES MÊMES, HENRI et MARTHE

AMICIE

Marthe, Henri, venez partager la joie de votre famille !

HENRI

En effet, vous êtes rayonnante...

MARTHE

Que se passe-t-il, mon père ?

LÉTOCART

Tu vas le savoir.

FLAMME, à Marthe.

Ma sœur, si une passion comprimée depuis longtemps faisait éclater la chaudière de mon cœur où elle était renfermée, consentiriez-vous à souscrire aux vœux de votre famille ?

AMICIE

Marthe n'a rien à voir dans cette union ; je voudrais bien qu'elle fît mine de s'y opposer.

HENRI

De quoi s'agit-il, ma tante ?

AMICIE, à Henri.

Notre frère Flamme demande ma main.

HENRI

Soyez heureuse, ma tante. (Il va à Flamme.) Monsieur... mon frère, vous aurez en partage une femme comme on en rencontre peu. (A Marthe.) Va, ma chère Marthe, complimenter l'heureux époux.

MARTHE

Monsieur, vous n'aviez pas besoin de demander mon consentement, il vous est tout acquis.

FLAMME

Vous ne me refusez pas?

MARTHE

Comme Henri, je souhaite votre bonheur.

FLAMME, se jetant aux pieds de Marthe.

Adorable créature, voilà le plus beau jour de ma vie.

AMICIE, le relevant.

Pas tant de remerciements à Marthe; elle vous accorde un consentement qu'on n'avait pas besoin de lui demander.

FLAMME

Je sais, ma sœur, combien votre assentiment a de poids en cette occurrence.

AMICIE

Assez de compliments... A partir de ce moment, je ne suis plus votre sœur, je suis ta femme... Flamme, vous n'êtes plus mon frère, tu deviens mon époux.

FLAMME

Que dit-elle? Une méprise semblable a-t-elle pu prendre racine dans l'esprit d'une sœur que je respecte, que je vénère?

LÉTOCART

Une méprise!

AMICIE

Il me respecte, il me vénère!...

FLAMME, prenant la main de Marthe.

Voilà celle que j'aime et que je choisis pour ma femme.

AMICIE

Traître! Ingrat! Nous ne te la donnerons pas.

HENRI

Soyez ferme, ma tante.

LÉTOCART

Cependant, si Marthe ne repousse pas notre frère...

AMICIE

Il la magnétiserait. Ce n'est pas une femme qu'il désire, c'est un sujet...

FLAMME

Vous osez attaquer le magnétisme?

AMICIE

Je suis robuste, moi, je pourrais résister à votre fluide, à vos passes, mais cette enfant est trop délicate...

FLAMME.

Victime d'une jalousie féminine, je m'adresserai à l'assemblée générale... Vous influencez cette jeune fille...

LÉTOCART

Flamme, réfléchissez.... Laissez passer le premier moment...

AMICIE, à Létocart.

Comment, mon frère, vous faibliriez?...

LA COMÉDIE DE L'APOTRE

FLAMME

Je n'écoute rien... Je demande votre fille pour ma femme ; elle eût sans doute consenti sans les prétentions de cette vieille fille.

AMICIE

Il ose m'insulter... Je me vengerai.

LÉTOCART

Ma sœur !

AMICIE

Et si Marthe aimait quelqu'un ?

FLAMME

Vous voudriez donner le change... Qui aime-t-elle ?

HENRI

Moi !

MARTHE

Oui, je l'aime.

AMICIE

Nous les marierons aujourd'hui, ces chers enfants! Pour vous, monsieur, allez chercher ailleurs des sujets magnétiques...

MARTHE

Ainsi, mon père, vous consentez...

LÉTOCART

Dans le pays de Concordia, toutes les inclinations sont libres... Mais quelle est cette musique?

AMICIE

Ce sont les bambinets.

SCÈNE VI

DIGONEAUX, entouré des hommes et des femmes de la colonie, **LÉTOCART, AMICIE, TRAPADOUX, GROLIG, BAMBINETS** et **BAMBINETTES.**

Les bambinets et bambinettes entrent en dansant. Après avoir salué Digoneaux, ils exécutent un morceau symphonique en s'accompagnant avec des instruments de cuisine : casseroles, grils, mortiers à égruger le sel, moulins à moudre le café ; le plus petit de la bande roule une cuve sur laquelle il frappe comme sur une grosse caisse.

DIGONEAUX

Frères, c'est le jour consacré à l'hyménée. Que nos sœurs et nos frères se présentent, nous sommes prêts à célébrer leur union... Vous êtes tous pour le mariage civil?

TOUS

Oui, oui.

DIGONEAUX

En Harmonie, plus de prêtres, plus de momeries, plus d'argent corrupteur, plus de dot... Pour remplacer l'ancien culte, il importe toutefois que le mariage civil soit célébré avec solennité.

TRAPADOUX

A quoi bon?

DIGONEAUX

Nous avons jugé utile que l'union des deux sexes fût relevée par des chœurs, de la musique instrumentale, des fleurs.

AMICIE

Oui, des fleurs!

TRAPADOUX

...Pente fatale... Vous ressuscitez à propos du mariage civil un de ces cultes que nous abhorrons... Y songez-vous, libres-penseurs ? Éprouvez-vous des besoins cultuels ?

TOUS

Non, non.

TRAPADOUX

Des besoins sexuels, je les admets jusqu'à un certain point... Des cérémonies du passé feraient de vous des cultistes de l'ancien monde...

LES COLONS, qui entourent Trapadoux.

Non, pas de culte !

TRAPADOUX

...En vertu de quelle charte l'union des époux comporterait-elle un caractère officiel ?

DIGONEAUX

Sans doute, il y a une apparence de raison dans les paroles de notre frère Trapadoux.

TRAPADOUX

Comment, alors que la vieille Europe commence à reconnaître l'utilité du mariage à domicile, sans frais de toilette, ici vous vous assemblez avec solennité pour l'union des deux sexes... Véritablement vous êtes arriérés...

DIGONEAUX

Frère, vous allez peut-être un peu loin...

TRAPADOUX

Si l'ancienne Europe que nous avons quittée, puisqu'elle craque de toute part...

TOUS

Oui, bravo.

TRAPADOUX

Si la vieille Europe admet une dernière cérémonie de transition, celle qui précède le mariage libre rêvé par les hommes de l'avenir, sans union, par conséquent sans divorce, conclu et rompu à l'instant au gré des deux parties, sans maires et sans adjoints, ces deux piliers branlants d'une civilisation agonisante, je vous demande de quel droit, de quelle autorité, vous osez renouveler ici des momeries qui évoquent les souvenirs fâcheux des cultes les plus délabrés...

DIGONEAUX

Frère, vous dépassez la mesure... J'obéis à nos statuts.

TRAPADOUX

Tant pis si vos statuts sont empreints d'un vieux fond de ritualisme archaïque... Tant pis s'ils autorisent une pontification que ceux qui sont venus avec moi sont bien décidés à ne pas reconnaître.

LES AMIS DE TRAPADOUX

Assez de pontifes !

DIGONEAUX, à part.

Mais il met les pieds dans le plat. (Haut.) Ainsi, frère, dans la cérémonie nuptiale vous supprimez les chants ?

TRAPADOUX

J'ai déjà trop du chant des oiseaux...

DIGONEAUX

Que pensez-vous des fleurs ?

AMICIE

Oui, des fleurs !

TRAPADOUX

Vain étalage que les fleurs... Temps perdu que celui à faire des couronnes, des guirlandes !

AMICIE

Nos sœurs ne repousseraient pas un bouquet offert par le fiancé...

TRAPADOUX

Assez de fiançailles !

LÉTOCART, à Amicie.

Cet enragé supprime tout.

AMICIE

Un célibataire endurci !... Alors supprimez la femme !

GROLIG

Pourquoi pas ! Notre frère Trapadoux n'a pas la bosse de la reproduction très développée... Voudriez-vous le forcer à remplir maladroitement des fonctions auxquelles la nature semble l'avoir rendu impropre ?

AMICIE

Quel langage !

DIGONEAUX

Notre frère Trapadoux me semble pousser un peu loin son système... Je me permettrai de lui demander comment il entend régler la question des enfants...

L'ÉTOCART

Il doit également supprimer les enfants...

DIGONEAUX

Vous les avez sous les yeux... Leur travail

est devenu attrayant... Ils nettoient les ustensiles de cuisine et s'en servent comme d'instruments de musique... Ce divertissement symphonique a été parfaitement goûté jusqu'ici...

TRAPADOUX

Ça, de la musique!... Renvoyez bien vite cette insupportable marmaille.

DIGONEAUX

Frère, qu'il en soit fait ainsi que vous le désirez. J'ai trop de respect pour les avis d'un citoyen de votre valeur... Personne ne s'étant présenté devant nous pour se marier, que les petits musiciens commandés pour la cérémonie rentrent dans leurs foyers. (Défilé des bambins et bambinettes qui exécutent un air de leur répertoire.)

TRAPADOUX, aux enfants.

Encore!... Ne revenez plus ici, affreux mioches. Allons, dépêchez-vous de sortir. (Il donne des soufflets aux bambinets qui se sauvent avec leur batterie de cuisine.)

DIGONEAUX

Si notre petit orchestre vous déplaisait, je me hâterais de le licencier.

TRAPADOUX

Au diable la marmaille...

AMICIE, à Létocart.

Je serais curieuse de savoir ce que ce négateur de toute chose pense de l'amour.

TRAPADOUX

L'amour, madame, c'est la rencontre du mâle et de la femelle.

AMICIE

Létocart, soutiens-moi...

DIGONEAUX

Frère, j'ai un mot d'entretien à vous demander avant le vote.

TRAPADOUX

Je vous écoute.

DIGONEAUX

Non, pas ici, nous serions troublés par les votants.

TRAPADOUX

Soit. (Ils sortent ensemble.)

SCÈNE VII

GROLIG ET SA BANDE. (Distribuant des billets.)

GROLIG, à Létocart.

Vous voterez avec nous, n'est-ce pas?

LÉTOCART

Certainement; vous êtes pour l'apôtre?...

GROLIG

Allons donc, je suis pour Avenir premier.

LÉTOCART

Je ne connais pas cet Avenir premier. (Autre bande portant une bannière sur laquelle est écrit : Vive l'Apôtre !)

AMICIE, au porteur de bannière pour l'apôtre.

Est-ce que l'apôtre quitterait son beau nom de Jean Digoneaux pour le titre d'Avenir premier ?

GROLIG

Oui, il faut voter pour Avenir premier.

LES HOMMES DE DIGONEAUX

Non, votons pour l'apôtre.

GROLIG, distribuant ses bulletins.

Voilà les véritables bulletins. (Il en distribue à Létocart, à Henri, Amicie, Marthe, etc.)

LE PORTEUR DE BANNIÈRE, même jeu.

Voilà les seuls vrais. Les autres sont faux.

LÉTOCART

Je n'y comprends rien.

AMICIE

M'expliquerez-vous? (Grolig et ses hommes tirent à eux Létocart et Amicie; la bande de l'apôtre cherche à les reprendre.)

SCÈNE VIII

LES MÊMES, DIGONEAUX escorté d'hommes, de femmes, d'enfants, puis TRAPADOUX également suivi du reste de la colonie.

DIGONEAUX

Trahison, trahison! Mes frères, on vous trompe.

TRAPADOUX, entrant, suivi de sa troupe.

Trahison, trahison!

LÉTOCART

Lequel est le traître?

DIGONEAUX, montrant Trapadoux.

Cet homme.

AMICIE

Oui, oui.

TRAPADOUX, montrant Digoneaux.

Voilà le traître, le plagiaire des plus exécrables monarchies !

DIGONEAUX

C'est lui le traître, le fléau de l'espèce humaine !

TRAPADOUX

Roi du machiavélisme !

DIGONEAUX

Instigateur de nos maux !

TRAPADOUX

Épouvantable égoïste !

AMICIE

Assez, assez...

TRAPADOUX

Égoïste encroûté !

DIGONEAUX

Augure spoliateur !

TRAPADOUX

Fédéral gothique !

LÉTOCART

Et ils ne tombent pas morts !

AMICIE, à Digoneaux.

Mon frère !

GROLIG

N'interrompez pas...

DIGONEAUX

Vampire cosmopolite !

TRAPADOUX

Satrape de rebut !

DIGONEAUX

Avorton de la science !

TRAPADOUX

Gouffre de l'humanité !

AMICIE

Marthe, un verre d'eau pour l'apôtre !

DIGONEAUX

Pontife du sabbat !

TRAPADOUX

Fascinateur endurci !

DIGONEAUX

Magnétiseur subversif !

TRAPADOUX

Perfide endormeur !

LÉTOCART

Je n'ai jamais entendu pareilles imprécations.

DIGONEAUX

Serpent fascinateur !

TRAPADOUX

Pieuvre bourgeoise !

DIGONEAUX

Déprédateur social !

TRAPADOUX

Sybarite gorgé !

DIGONEAUX

Pygmée de perversité !

TRAPADOUX

Fétiche mendiant, tu n'es qu'un omniarque omnivore. (Digoneaux tombe.)

AMICIE, elle lui baigne les tempes.

Quelle épouvantable litanie !

LÉTOCART

Il n'en reviendra pas. (Digoneaux relève la tête et veut parler.)

TRAPADOUX

Tais-toi, tais-toi, omniarque omnivore! (Digoneaux retombe)

LÉTOCART

Il faut venir dans le pays de Concordia, capitale Harmonie, pour entendre de pareilles abominations.

TRAPADOUX

Vous n'êtes pas au bout.

GROLIG

A bas l'apôtre!

LA BANDE DE TRAPADOUX

A bas l'apôtre!

LES PARTISANS DE DIGONEAUX,
moins nombreux.

Vive l'apôtre!

AMICIE

Oui, vive Jean Digoneaux!

LÉTOCART, hésitant.

Vi... ve... l'apôtre !

DIGONEAUX, se relevant.

Il vivra, mes frères, pour vous défendre.

AMICIE

Défendez-nous, défendez-vous contre ces fauteurs de troubles.

GROLIG

C'est le citoyen Digoneaux qui jette le trouble dans notre assemblée.

DIGONEAUX

Avant votre arrivée, parricides, chacun répétait : Que nous sommes heureux d'avoir à notre tête un homme aussi juste, aussi dévoué que l'apôtre Digoneaux. Son amour pour l'humanité n'a pas de bornes.

UNE VOIX

Tais ta gueule, avocat.

DIGONEAUX

Qui est-ce qui a le dur privilège de se lever le premier ? Moi. De se coucher le dernier ? Moi. De travailler le plus ? Moi. D'avoir tous les soucis ? Moi. De supporter toutes les privations ? Moi.

TRAPADOUX

J'accuse l'apôtre Digoneaux d'avoir commis des crimes et des délits incalculables, de nous avoir tous trompés et trahis... Je déclare formellement que le citoyen Digoneaux n'est plus père de la communauté ; indigne d'être à notre tête, il ne peut nous représenter désormais ; ce plagiaire des plus exécrables monarchies a trahi son mandat, violé la constitution.

DIGONEAUX

Vous êtes un désorganisateur de toute discipline.

AMICIE

Un malhonnête !

LÉTOCART

Ma sœur, prenez garde.

DIGONEAUX

J'annonce la tenue du *Congrès national* de la fin d'année...

TRAPADOUX

Plus de *Congrès!*... C'est un vieux mot de diplomate...

DIGONEAUX

La réunion internationale.

TRAPADOUX

National, je n'en veux pas! Savez-vous ce qu'appelle le mot national, une garde pour Jean Digoneaux... Ne vous laissez pas prendre à son langage, demain, cet homme créera une garde nationale pour le défendre. Assez de national! Il n'y a plus de nation.

DIGONEAUX

Je soulèverai ciel et terre; s'il le faut, je m'adresserai aux tribunaux du pays et s'ils étaient ouverts demain, demain j'y aurais recours.

TRAPADOUX

Vous l'entendez, on menace la communauté des tribunaux quand les juges prévaricateurs ont été supprimés... J'en prends acte... On veut faire intervenir ici des baïonnettes, alors que l'article 167 de la constitution s'y oppose... On nous menace de dépasser en horreur les vieilles sociétés... Misérable exploiteur!

DIGONEAUX, à Létocart.

Voilà le moment de vous montrer.

LÉTOCART

Oui, montrons-nous.

TOUS

A la tribune!

LÉTOCART, il monte sur l'estrade et se recueille.

Citoyens... Oh! mon discours... Je ne m'en rappelle plus un mot.

TOUS

A bas de la tribune ! (On fait violemment descendre Létocart. L'apôtre le remplace.)

UN SOCIÉTAIRE s'avance vers Digoneaux et lui montre le poing.

Vieux coquin !

DIGONEAUX

Je lève la séance, si le trouble continue.

GROLIG

Nous ne sortirons pas d'ici que nous n'ayons obtenu ce que nous voulons...

FLAMME

A l'ordre !

AMICIE

A l'ordre !

LÉTOCART

A l'ordre !

TRAPADOUX

Criez, tant qu'il vous plaira, à l'ordre : il n'y a

plus d'ordre ! Vous n'êtes pas dans l'ordre, tant que la gérance conspire...

HENRI, à Marthe.

Et voilà l'harmonie qu'ils sont venus chercher si loin !

MARTHE

Qu'allons-nous devenir ?

GROLIG, à Digoneaux.

L'amour de la domination vous tient trop à cœur... Vous devriez déjà être descendu de la tribune...

UNE VOIX

Cette vieille canaille ne descendra donc pas du bureau !

AMICIE

Ah ! ma pauvre Marthe !

DIGONEAUX

Jusqu'à la mort je resterai à mon poste.

TRAPADOUX

Pour vous renverser, nous mangerons ici, nous y coucherons s'il le faut.

DIGONEAUX

Mes frères, voyez la position dans laquelle vous jettent quelques hommes violents et ambitieux... Si vous l'eussiez voulu... (Sifflets nombreux. Digoneaux fait des gestes sans pouvoir se faire entendre. Il veut boire. Un homme brise le verre.) Mes frères...

UNE VOIX

Crapaud césarien !

AUTRE VOIX

Vampire !

AUTRE VOIX

Néron !

AUTRE VOIX

A la potence !

LÉTOCART

Je suis mort !

AMICIE

Du courage !

DIGONEAUX, il agite de toutes ses forces la sonnette.

L'une des causes de cette insurrection, c'est l'arrivée en Harmonie de frères égoïstes, révolutionnaires, démagogues, qui m'ont trompé, indignement trompé. C'est l'impatience des gens qui veulent jouir avant d'avoir travaillé...; c'est le dégoût de la communauté, l'esprit de parti, la société secrète...; ce sont les agents soudoyés par nos ennemis, c'est un gouvernement occulte prêt de s'emparer du pouvoir après ma mort.

FLAMME

Vive l'apôtre !

TRAPADOUX

L'homme que vous voyez à cette tribune a osé se vanter à moi de pratiquer un *despotisme éclairé*. Tous les despotes ne se croient-ils pas éclairés ? Plus de despotes ! Pour les mettre à néant, je ne veux plus de discipline. Si je démolis l'État, ce n'est pas pour en fabriquer un autre. Renversons ce gouvernement pour n'avoir plus de maître! Je crains autant l'État populaire que l'État bourgeois. maître d'aucune sorte!... Il s'en présente un actuellement, je le casse... Les chefs je les connais, je les ai vus à l'œuvre... Des embastilleurs... S'il le fallait je tirerais dessus.

DIGONEAUX

Ne craignez rien, vous tous qui me restez fidèles. Grâce à l'imprimerie dont je suis seul possesseur, demain l'Europe connaîtra leurs forfaits. (On entend un bruit de bois brisé.)

TRAPADOUX

L'entendez-vous ? Il veut abuser de la presse... Deux hommes arrivent, trainant une presse.) Elle est à nous, mes frères.

DIGONEAUX, il fait entendre un coup de sifflet.

A moi mes fidèles horlogers! (Les douze nègres danseurs entrent armés de fusils et se groupent menaçants autour de l'apôtre.)

DIGONEAUX

Ah! vous avez cru que la presse vous suffisait!

Que ferez-vous sans argent ? Seul, j'ai le droit de disposer de la caisse.

TRAPADOUX

Pauvre niais ! (Deux autres hommes apportent une grande caisse de fer.)

GROLIG

A nous l'imprimerie, à nous l'argent ! (Tous veulent se précipiter sur la caisse.)

TRAPADOUX, posant la main sur la caisse.

Cet homme a soudoyé une soldatesque effrénée... Je licencie cette garde du corps qui n'a plus de raison d'être... Approchez, baïonnettes intelligentes ! Que chacun de ces bons nègres touche sa solde, à condition de rentrer dans ses foyers. (Il distribue à chacun des horlogers une poignée d'or. Danse des nègres qui abandonnent Digoneaux et se rangent derrière Trapadoux.)

TOUS

A nous l'argent !

TRAPADOUX

Pas de pillage ! Avenir premier le défend.

TOUS

Vive Avenir premier !

DIGONEAUX, étendant les bras du haut de la tribune.

Ainsi j'aurai sacrifié toute ma vie à vouloir vous rendre heureux et vous me traitez de la sorte !

TRAPADOUX

Qu'on le fasse descendre de la tribune ! (Un homme renverse le buste de l'apôtre et le brise ; deux autres sautent au collet de Digoneaux et le jettent en bas de la tribune.) Nous n'appartenons pas à votre vieux socialisme sentimental. Tous, si vous bougez, vous aurez affaire au radicalisme explosif ! (Aux nègres.) Obéissez ! (On jette Digoneaux dehors.)

SCÈNE IX

LES MÊMES, puis DIGONEAUX

LÉTOCART, à Amicie.

Radicalisme explosif ! Nos frères voudraient-ils nous faire sauter ?

AMICIE

Ces enragés sont capables d'avoir miné le sol.

GROLIG

Peut-être... pour le mieux partager.
(On entend au dehors des cris d'effroi. Les nègres et les négresses accourent et se cachent la figure.)

TRAPADOUX

Qu'est-ce encore?

LES NÈGRES

Pichenécha! Pichenécha! (A la porte apparait une idole sauvage, habillée de plumes de couleur, la tête formée par un grossier masque de bois, dont une large bouche donne passage à des flammes. Les nègres et les négresses tombent à genoux et crient : Pichenécha! Pichenécha!

TRAPADOUX

Qu'est-ce que cela? (Aux nègres.) Relevez-vous!
(Les nègres tombent la face contre terre.)

DIGONEAUX, d'une voix forte et en la déguisant.

Pichenécha, l'idole de Yucato, ordonne à ses

nègres de défendre le territoire d'Harmonie, envahi par une troupe de misérables. (Les nègres relevés entourent l'idole, elle s'avance vers le groupe qui entoure Trapadoux et lance des jets de flammes.

TRAPADOUX, seul au milieu du théâtre.

Je ne m'attendais pas à ceci. (Les nègres, entourant l'idole, s'avancent menaçants vers Trapadoux qui recule.)

DIGONEAUX

Que l'audacieux qui a souillé le sol de Yucato consacré à Pichenécha, soit châtié! Que celui qui a semé la discorde soit puni de ses forfaits! (Il s'avance vers Trapadoux qui recule sans cesse. Digoneaux monte à la tribune.) Qu'il soit châtié le traître, qui a fait irruption sur un territoire pacifique!

TRAPADOUX

Une idole à la tribune! (Il s'avance vers Digoneaux qui lui lance un énorme jet de flammes.) Cette idole empeste avec ses flammes... Si j'avais une pompe!... (Il recule vers les gens de son groupe, s'empare d'un bâton sans être vu, revient vers la tribune et assène un vigoureux coup de bâton sur la tête de Digoneaux.)

DIGONEAUX

Aïe!

TRAPADOUX

Je ne reconnais pas le culte des idoles. (Il assène un nouveau coup de bâton sur le masque de l'idole qui se brise et laisse voir la figure de Digoneaux.) Ah! ah! je me doutais de quelque comédie. (Les nègres fuient.) Misérable, tu as cru effrayer la colonie en te couvrant le visage du masque d'un ancien culte. (Il prend Digoneaux à la gorge, se collette avec lui et le renverse.) Ta vie est entre mes mains, cabotin.

AMICIE

Traiter ainsi l'apôtre. (A Létocart.) Mon frère, volez à son secours!

LÉTOCART

Ces scènes de la société nouvelle sont accablantes.

TRAPADOUX, à ses partisans.

Que faut-il faire de cet imposteur effronté?

TOUS

A la mer, à la mer...

TRAPADOUX, à Digoneaux.

Le peuple a prononcé sur ton sort... Relève-toi...

AMICIE

Nous allons être massacrés.

LÉTOCART

Hélas ! pourquoi avons-nous quitté Pont-Saint-Pierre ?

HENRI, à Létocart.

Je veillerai sur vous...

MARTHE

Nous mourrons ensemble.

TRAPADOUX

Il est ordonné à Jean Digoneaux de sortir du territoire harmonien et de s'embarquer sur l'heure même.

AMICIE

Nous l'accompagnerons.

TRAPADOUX

Que ceux qui veulent le suivre partent immédiatement.

LÉTOCART

Et mon apport social!

DIGONEAUX

J'ai des fonds qui m'appartiennent.

AMICIE

Il nous faut vivre en route.

TRAPADOUX

En quittant la communauté, vous perdez vos droits... Qu'on chasse ces gens! (Digoneaux, Létocart, Amicie, Marthe et Henri sont expulsés.)

TOUS

Vive Avenir premier! (Les nègres se jettent aux pieds de Trapadoux.)

GROLIG

Ces gens semblent dévoués... Pourquoi notre frère Trapadoux ne les attacherait-il pas à sa personne ?

TRAPADOUX

Une cohorte étrangère, jamais... Peut-être cependant pourrait-on en constituer une garde pour Avenir premier.

GROLIG

Bien pensé.

TRAPADOUX

Je garderai leurs armes, dans la crainte qu'ils n'en fassent un mauvais usage.

GROLIG

Voilà qui rassure la colonie sur la liberté...

TRAPADOUX

Une sage liberté. (Aux nègres.) Allez chercher le palanquin de l'ancien satrape...

GROLIG

Vous voulez le brûler?

TRAPADOUX

Nos frères jouiront d'un autodafé qui prouvera que le pouvoir de ce scélérat de Digoneaux est en cendres.

GROLIG

Ce spectacle frappera les imaginations. (Les nègres apportent le dais de Digoneaux.) Mettons-y le feu.

TRAPADOUX

Plus tard... Tout bien réfléchi, ce palanquin peut être de quelque utilité pour Avenir premier. (Il monte dedans.) Allons choisir dans la forêt un endroit convenable pour y établir le temple d'Avenir premier. (Les nègres hissent le dais sur leurs épaules.)

TOUS

Vive Avenir premier!

IV

RETOUR AU FOYER

IV

Intérieur d'une petite maison bourgeoise, chez Mesnager.

SCÈNE PREMIÈRE

MADAME MESNAGER, seule,
près d'une table de travail.

Mon mari est sorti... Je peux donc pleurer en secret sur le sort de mon fils... Pauvre Henri!... où est-il? Que fait-il à cette heure? Ah! que les enfants sont cruels! Nous avoir quittés tout à coup sans nous embrasser, sans nous dire adieu... Je comprends la colère de son père qui a déchiré la première lettre que nous avons reçue, sans vouloir la lire... Pauvre enfant! Il peut croire que nous l'abandonnons à tout jamais. Est-il possible qu'il soit allé en Amérique, comme le timbre et le port de la lettre me le font supposer. (Elle ouvre un petit coffret à ouvrage et en tire quelques morceaux de papier.) Voilà tout ce que j'ai pu sauver de cette lettre que mon mari a déchirée et jetée dans le feu... quelques morceaux... (Elle lit.) « *Ma bonne mère...* (Elle pleure.) *Un temps viendra où...* » Et puis rien! Le feu a dévoré le reste. Que m'annonçait-il par cette espérance?... Oui, un temps viendra où, brisée de chagrin, je m'en irai sans pouvoir embrasser mon fils... Ah! les hommes sont durs! Mon mari n'a pu lui pardonner cette fuite, et pourtant il est bon; mais il a été cruellement blessé d'un pareil abandon. (Elle prend un autre petit morceau de papier.) « *Faire fortune!...* » dit-il. Faire fortune, voilà ce qui cause des chagrins à plus d'une mère. Henri nous a quittés pour faire fortune et peut-être à cette heure, loin de nous, découragé, malade, il regrette notre vie si calme, l'affection de sa mère... Ah! que n'ai-je pu sauver cette lettre des flammes! J'aurais donné dix ans de ma vie pour la lire en entier... Rien pour moi dans ces fragments!... Pas un souvenir! Lui qui m'aimait tant! Mon Henri! (Elle se cache la tête dans ses mains.)

SCÈNE II

ROSALIE, MADAME MESNAGER

(Rosalie entre, et, s'apercevant qu'elle n'est pas vue, remue, s'agite et tourne dans l'appartement.)

ROSALIE

Toujours à ses tristesses!... Madame!

MADAME MESNAGER

Ah! c'est toi, Rosalie.

ROSALIE

Je voulais vous demander ce qu'il faut faire pour le dîner.

MADAME MESNAGER

Ce que tu voudras.

ROSALIE

Pour vous, madame, vous n'êtes pas difficile, je le sais; mais M. Mesnager ne trouve plus rien à son goût.

MADAME MESNAGER, avec joie.

Ah!... tu dis?

ROSALIE

Je crains toujours de le mécontenter... Comme son caractère est changé!

MADAME MESNAGER

N'est-ce pas?

ROSALIE

Lui qui était si juste autrefois, si facile à servir... On voit bien qu'il a un fonds de chagrin.

MADAME MESNAGER

Dis-tu vrai?

ROSALIE

Tout le monde l'a remarqué dans la ville...; chacun plaint madame.

MADAME MESNAGER

Oui, je suis bien à plaindre!

ROSALIE

Avoir eu pendant vingt ans un bon mari qui se change tout à coup en un être mécontent de tout...

MADAME MESNAGER

Ce n'est pas là ce qui m'attriste.

ROSALIE

N'importe : quand on a déjà d'autres malheurs à porter...

MADAME MESNAGER

Je l'aime mieux difficile à vivre qu'indifférent... Quoiqu'il n'en dise rien, M. Mesnager souffre du départ d'Henri.

ROSALIE

Qui est-ce qui ne l'a pas regretté, ce pauvre M. Henri! Un si aimable garçon, qui promettait de vous donner tant de bonheur! Mais ce n'est pas une raison pour M. Mesnager de vous traiter durement.

MADAME MESNAGER

Je pardonne à mon mari en pensant qu'il souffre également et que son amour-propre l'empêche de pleurer avec moi.

ROSALIE

Voilà-t-il pas une belle chose que l'amour-propre! On aime ses enfants ou on ne les aime pas. Quand on les aime, on leur pardonne.

MADAME MESNAGER

Henri a été si ingrat!

ROSALIE

M. Mesnager a été plus dur qu'une barre de fer... Brûler une lettre de son fils!

MADAME MESNAGER

Oui, bien dur... M'enlever ma seule consolation !

ROSALIE

Vous auriez répondu à M. Henri, il vous aurait dit ce qu'il faisait là-bas, quand il comptait revenir, s'il manquait de quelque chose... Il aurait demandé son pardon.

MADAME MESNAGER

Rosalie ne continue pas, tu me tends le cœur.

ROSALIE

Pleurez, madame, ça vous soulage... Il vaut mieux pleurer que de s'enfermer dans son chagrin comme M. Mesnager.

MADAME MESNAGER

Ne le trouves-tu pas changé ?

ROSALIE

Oui, de figure autant que de caractère.

MADAME MESNAGER

S'il tombait malade !

ROSALIE

Voilà pourtant ce que c'est que de s'entêter à cacher son cœur !... Madame, si vous faisiez un effort pour l'attendrir ?

MADAME MESNAGER

Je l'ai déjà tenté ; tu sais comme mon mari m'a reçue.

ROSALIE

Il n'importe ! Il faut tâcher d'enlever M. Mesnager à son caractère sombre.

MADAME MESNAGER

A quel résultat arriverais-je ! La lettre d'Henri n'en est pas moins détruite. Il n'a plus écrit depuis parce qu'il a pensé que nous l'abandonnions ; il n'écrira plus.

ROSALIE

Si j'étais à la place de madame, je n'hésiterais pas... Vous ne voulez pas que votre mari se laisse aller à ses chagrins, n'est-ce pas ? A quoi l'avancent ses idées noires ?

MADAME MESNAGER

Je ferais l'impossible, si je croyais réussir.

ROSALIE

Tenez, madame, j'entends M. Mesnager qui monte l'escalier... Du courage...

MADAME MESNAGER

Reste près de moi.

ROSALIE

Je ne demande pas mieux... Soyez ferme.

SCÈNE III

MADAME MESNAGER, MESNAGER, ROSALIE

MESNAGER. Il entre, jette un regard sur Rosalie, reste quelque temps sans parler. A Rosalie.

Que faites-vous ici ?

ROSALIE

Madame m'avait appelée.

MESNAGER

Pourquoi faire ?

MADAME MESNAGER

Rosalie me demandait ce que vous désirez pour le dîner.

MESNAGER

Vous savez que je me contente de ce qu'on me sert.

ROSALIE

Hier, monsieur, vous vous êtes plaint encore du repas.

MESNAGER

Retournez à votre cuisine et laissez-moi tranquille.

ROSALIE

Ma foi, monsieur, je ferai ce que je pourrai.

MESNAGER

Pas tant de paroles... Allez à votre ouvrage.

ROSALIE, à Mme Mesnager.

Courage, madame. (Elle sort.)

SCÈNE IV

MADAME MESNAGER, MESNAGER

MESNAGER

Qu'a donc cette fille à vous parler bas, madame ?

MADAME MESNAGER

Rien, mon ami.

MESNAGER

Elle prend une importance vraiment de plus en plus grande, qui ne me convient pas... Vous aurez à le lui faire savoir.

MADAME MESNAGER

Rosalie est comme toujours, nous aimant beaucoup.

MESNAGER

Je ne tiens pas à ces prétendues affections de

servante... Qu'elle ne s'y fie pas ! Un jour ou l'autre, je pourrai bien la renvoyer.

MADAME MESNAGER

Que vous êtes injuste, mon ami !

MESNAGER

Vous dites ?

MADAME MESNAGER

Rosalie nous sert depuis vingt-deux ans ; jamais elle n'a donné lieu à de pareils reproches de votre part.

MESNAGER

Ces filles croient à des habitudes prises... Ne l'ai-je pas payée depuis vingt-deux ans ? Elle n'a rien à réclamer. Et je suis dans mon droit, quand, remarquant l'importance qu'elle voudrait prendre dans ma famille, je l'écarte.

MADAME MESNAGER

Ainsi, je resterai seule ici... Je ne vois personne dans la ville ; je n'ai pas de parents.

MESNAGER

Heureusement.

MADAME MESNAGER

Et vous voudriez me voir solitaire, dans cette chambre!

MESNAGER

Qui vous empêche de sortir?

MADAME MESNAGER

Autrefois vous vouliez bien, mon ami, m'emmener avec vous faire un tour de promenade.

MESNAGER

Ne parlons pas d'autrefois.

MADAME MESNAGER

Est-il convenable à une femme de sortir seule et de parcourir la ville, montrant aux habitants les soucis extérieurs qui dévoilent l'intérieur de son ménage?

MESNAGER

Je vous ai priée de ne plus recommencer ces éternelles plaintes.

MADAME MESNAGER

Je ne me plains pas.

MESNAGER

Vous auriez tort... Il est peu de femmes qui se trouvent aujourd'hui dans votre position.

MADAME MESNAGER

Bien peu, en effet... Mon ami, je ne pense pas que vous me reprochiez de m'avoir prise sans fortune et, à force d'économie et de travail, d'avoir acquis une honnête aisance... Cela, je ne l'ai point oublié...

MESNAGER

En voilà assez.

MADAME MESNAGER

J'ai été vingt ans bien heureuse, fière de vous

appartenir; toute la ville me respectait, car j'étais la femme d'un honnête homme.

MESNAGER, *appelant.*

Rosalie!

MADAME MESNAGER

Que voulez-vous, mon ami?

MESNAGER

Rosalie! Rosalie!

SCÈNE V

ROSALIE, MESNAGER, MADAME MESNAGER

MESNAGER

Depuis quelques jours mon lit est mal fait... J'entends que vous y apportiez plus de soin.

ROSALIE

Voilà autre chose.

MADAME MESNAGER

Rosalie, vous ferez, demain, carder les matelas.

ROSALIE

C'est lui qu'il faudrait carder. (Elle fait le signe de le battre.)

MESNAGER

Il ne s'agit pas de matelas... Cette fille fait mal sa besogne. (Il s'assied et prend un livre.)

ROSALIE, à Mme Mesnager.

Lui avez-vous parlé?

MADAME MESNAGER

Il ne m'écoute pas.

ROSALIE

Si ça ne fait pas bouillir les sangs! Du courage... Allez vers lui.

MADAME MESNAGER, hésitant.

Mon ami...

MESNAGER

Ne pouvez-vous me laisser lire tranquillement?

MADAME MESNAGER

Je ne croyais pas vous déranger.

MESNAGER, jetant le livre.

Cette vie d'intérieur est aussi insupportable... que ce livre...

MADAME MESNAGER, à qui Rosalie fait des signes.

Mon ami, souffrez-vous?

MESNAGER

Oui, d'être interrompu à tout instant...

MADAME MESNAGER

Non, vous souffrez intérieurement...

MESNAGER

Où voulez-vous en venir?

ROSALIE, à Mme Mesnager.

Allez, allez!

MADAME MESNAGER

Pourquoi ne pas me confier l'objet de vos tourments?

MESNAGER

Je n'ai rien à confier à personne.

MADAME MESNAGER

Autrefois vous aviez plus de confiance en moi... Vous me l'avez retirée tout à coup... Rendez-la moi, car je suis bien malheureuse! Chacun de nous vit dans un isolement de pensées qui, portées à deux, pourraient être moins lourdes, moins amères.

MESNAGER

Je ne sais ce que vous voulez dire.

MADAME MESNAGER

Suis-je coupable, si mon frère et ma sœur...

MESNAGER

Pas un mot de plus à ce sujet... Je vous ai défendu de me parler jamais de vos parents.

MADAME MESNAGER

Mes parents ne sont-ils pas les vôtres?

MESNAGER

Non. Je vous ai épousée, vous, et non pas ce fou et cette folle qui ont troublé la ville.

MADAME MESNAGER

Au moins, permettez-moi de vous entretenir d'un être qui vous est cher, que vous avez beaucoup aimé, que vous ne pouvez renier... De votre fils.

MESNAGER, s'arrêtant en face de sa femme.

Madame, s'il est encore question d'un pareil

sujet entre nous, je vous avertis que je partirais à l'instant de la maison et que tout sera brisé entre nous.

MADAME MESNAGER

C'est moi qui partirai la première...

MESNAGER

Comme vous voudrez. (Il se rassied.)

MADAME MESNAGER, fondant en larmes.

Je n'y peux tenir...

ROSALIE

Rentrez dans votre chambre, madame.

MADAME MESNAGER

Ne pas vouloir entendre parler de son fils! (Elle sort.)

SCÈNE VI

MESNAGER, ROSALIE

MESNAGER, se croyant seul.

Ces jérémiades de femmes me fatiguent. Ah! elle croit que je n'ai pas de caractère... Elle le verra bien... Un matin, je pars et on ne me reverra plus... Je serai tranquille au moins dans quelque endroit sans femme.

ROSALIE. Elle fait le tour de la pièce, époussète des meubles, tourne derrière le fauteuil de Mesnager et tousse après un long silence.

Il ne m'entend pas. (Elle recommence le même manège, va à la cheminée sur laquelle est placé un verre, l'essuie avec son tablier.) Il faut en finir pourtant. (Elle jette à terre le verre qui se brise.)

MESNAGER; il se lève en sursaut.

Maladroite!

ROSALIE

Voilà le premier objet que je casse... Je le paierai, monsieur... (Mesnager hausse les épaules.) Je le paierai parce que j'ai peur d'en casser d'autres...

MESNAGER

Tu dis ?

ROSALIE

Oui, je crains d'en casser d'autres...; ma maîtresse m'a communiqué son trouble...

MESNAGER

Qu'est-ce encore que cette singulière association de sentiments avec ma femme ?

ROSALIE, s'avançant.

Je voudrais être à la place de madame pour vous répondre. (Mesnager se rassied et frappe du pied avec impatience.)

MESNAGER

Ne pouvoir rester un instant seul dans son

appartement... Rosalie, prenez garde de me pousser à bout.

ROSALIE

Oh! Votre colère ne m'effraie pas et je vous dirai ce que je pense...

MESNAGER

Toi?

ROSALIE

Vous avez tort et vous le savez bien...

MESNAGER

Tais-toi...

ROSALIE

On n'abandonne pas un fils parce qu'il a commis quelque foucade de jeunesse... Non, vous ne pouvez pas renier monsieur Henri; c'est impossible. (Mesnager va vers Rosalie.)

MESNAGER

Bavarde sempiternelle!

ROSALIE

Au fond, vous pensez comme madame... Elle a la bonne foi de laisser paraître ses tristesses et vous faites l'homme fort en vous montrant désagréable pour tout le monde, dur pour ceux qui vous aiment, qui vous servent, impitoyable au souvenir de votre enfant... Allez, je vous connais bien... vous ne me faites pas peur.

MESNAGER

Te tairas-tu ?

ROSALIE

Non... J'ai à vous dire que vous vous minez par un chagrin intérieur et que vous vous faites beaucoup de mal inutilement.

MESNAGER

Quelle patience !

ROSALIE

Je ne suis pas faible comme madame... Vous la brusquez et la pauvre femme se désole... Moi, vous pouvez me battre, mais vous m'entendrez. (Elle vient se placer en face de Mesnager.) Vous m'entendrez, il le faut... Vous faites le malheur de madame et le vôtre aussi... Vous le sentez et par crainte d'être accusé de faiblesse, vous n'osez revenir... A ce jeu-là vos cheveux grisonnent, vos joues se creusent, vous maigrissez, vous devenez jaune, tout ça par entêtement... M. Henri est parti sans vous embrasser, mais il reviendra un jour et il vous sautera au cou... Quoi! parce qu'il a pris sa volée comme un jeune oiseau, tout à coup, sa mère doit-elle pâtir?... Vous vous tuez en détail tous les jours par vos brutalités... votre caractère est affreux... Moi, je m'en moque parce que je suis solidement établie, mais madame, qui est si sensible! D'un regard, d'un geste, vous la remuez et l'affligez... Vous la faites pleurer toutes les larmes de son corps... N'est-ce pas assez d'être privée de son fils sans que vous veniez y ajouter vos duretés... Ah! si vous aviez commencé par montrer ce joli caractère en vous mariant, elle s'y serait peut-être habituée. Elle se serait dit : — J'ai tiré un mauvais numéro, c'est tant pis pour moi, il faut s'y faire ; mais vous avez été bon, humain, aux petits soins, prévenant, vous lui avez fait manger du beurre pendant vingt ans et vous voulez maintenant qu'elle se contente d'un mauvais pain noir... Ça ne se peut pas... Si la pauvre femme n'avait soin de cacher son secret, toute la ville vous tournerait le dos... On ne traite pas une femme de la sorte... Quand par hasard quelqu'un vient à la maison et qu'on demande de vos nouvelles, ne serait-elle pas en droit de se plaindre de vous ? Comme une brebis qui va à l'abattoir et qui lèche la main du boucher, elle parle de vous avec bonté, de telle sorte que personne ne puisse s'apercevoir de rien.

MESNAGER

Est-ce fini ?

ROSALIE

Oui, pour aujourd'hui. (Mesnager prend son chapeau et sort.)

SCÈNE VII

ROSALIE, SIBLEQUIN, puis HENRI

ROSALIE, seule.

En voilà assez pour un premier assaut... Je crois que ça l'a touché... Monsieur n'a pas répondu, c'est bon signe... Quand je disais qu'il avait besoin d'être cardé... Les hommes, c'est comme les matelas... Il faut les secouer de temps en temps.

SIBLEQUIN, accourant.

Rosalie! Rosalie!

ROSALIE

Est-ce que la maison croule?

SIBLEQUIN

Il s'agit bien de maison... Monsieur Henri...

ROSALIE

Eh bien ?...

SIBLEQUIN

Monsieur Henri est chez moi... Il faut prévenir Mme Mesnager... Appelle-la vite...

ROSALIE

Ah ! la pauvre femme ! elle est capable de mourir de joie...

SIBLEQUIN

C'est pour ça que j'ai fait entrer M. Henri chez nous.

ROSALIE

On ne le sait pas dans la ville ?

SIBLEQUIN

Il passait par les remparts, derrière les maisons, lorsque je l'ai vu... Ça m'a fait un effet...

ROSALIE

Qu'est-ce que ce serait sur sa mère ! Dire que

nous ne faisions que parler de monsieur Henri depuis ce matin.

SIBLEQUIN

Que faire? Le jeune homme brûle d'embrasser ses parents.

ROSALIE

Il serait peut-être bon d'attendre jusqu'à ce soir afin de bien préparer sa rentrée près de son père... J'ai commencé; il n'y a plus besoin que de quelques coups de baguette.

SIBLEQUIN

J'aurai bien du mal à retenir le jeune homme.
(Henri paraît.)

ROSALIE

Mon Dieu! Le voilà! (Elle l'embrasse.)

HENRI

Ma mère?

ROSALIE

Pas si haut... monsieur... Laissez-moi vous embrasser encore... Est-il devenu fort? Ah! il est tout pardonné.

HENRI

Appelle ma mère, je veux la voir.

ROSALIE

Vraiment vous êtes aussi affectueux que votre père est dur. (Henri parle bas à Siblequin, qui sort.)

HENRI

Elle est dans sa chambre?...

ROSALIE

Attendez, elle va venir.

HENRI

Je n'attends pas...

ROSALIE

La voilà!... Cachez-vous! (Henri se jette derrière une porte.)

SCÈNE VIII

MADAME MESNAGER, ROSALIE, HENRI

MADAME MESNAGER

Tu n'es pas renvoyée ?...

ROSALIE

Moi ! j'aurais plutôt chassé M. Mesnager... Il a bien pris la chose.

MADAME MESNAGER

Vraiment ?

ROSALIE

Le fonds est bon... Monsieur m'a écoutée sans rien dire et puis il est parti.

MADAME MESNAGER

S'il ne revenait pas !...

ROSALIE

On revient toujours, quand on aime les gens... M. Henri reviendra au moment où vous vous y attendrez le moins.

MADAME MESNAGER

Quand, hélas!

ROSALIE

On m'a dit que Siblequin avait reçu des nouvelles...

MADAME MESNAGER

De qui?

ROSALIE

Des émigrants partis avec M. Létocart.

MADAME MESNAGER

Est-il question d'Henri?

ROSALIE

Oui.

MADAME MESNAGER

Mon chapeau, mon voile... J'y cours... Je voudrais lire cette lettre. Oh! que ça me ferait du bien d'entendre parler d'Henri.

ROSALIE

Il espère revenir.

MADAME MESNAGER

Revenir! serait-ce possible! Mais tu n'es pas sortie... Comment as-tu pu voir cette lettre?

ROSALIE

Un homme l'a apportée lui-même...

MADAME MESNAGER

Un homme qui a vu Henri, peut-être... Où est-il? Je ne vis plus!

ROSALIE

Monsieur Henri est en route.

MADAME MESNAGER

Arrivé, j'en suis sûre...

HENRI, accourant.

Oui, ma mère.

MADAME MESNAGER, tombant dans un fauteuil.

Je te voyais en dedans, méchant enfant !

HENRI

Vous me pardonnez ?

MADAME MESNAGER

Peux-tu le demander... Comme j'ai souffert pour toi !...

HENRI

Oublions le passé.

MADAME MESNAGER

Assieds-toi près de moi... là, sur ce petit tabouret, comme quand tu étais enfant... Tu n'étais pas parti, n'est-ce pas?... C'était un mauvais rêve... Ah! si ton père rentrait!

ROSALIE

Je m'en vais veiller à la porte de la rue... Nous cacherons M. Henri... (Elle sort.)

HENRI

Je tomberai dans ses bras.

MADAME MESNAGER

Tu as fait beaucoup de mal à ton père.

HENRI

Je lui ferai oublier ma conduite passée... Tu ne m'en veux plus, ma mère?

MADAME MESNAGER

Est-ce qu'on peut garder rancune à ses enfants... Parle-moi... je veux t'entendre... Suis-je bien réellement à côté de toi?... Dis que tu es arrivé... Parle donc, parle toujours... Pourquoi nous as-tu quittés?

HENRI

Si Marthe était restée!...

MADAME MESNAGER

Tu l'aimes donc bien?

HENRI

Plus que jamais.

MADAME MESNAGER

Il faut que tu l'aimes bien pour nous avoir quittés... Où est-elle?

HENRI

Ici.

MADAME MESNAGER

Ici!... Mon mari ne voudra pas la recevoir... Ici!... Que me dis-tu là?... Pourvu que de nouveaux malheurs ne fondent pas sur nous!... Jure-moi de ne plus te séparer de nous?

HENRI

Tout dépend de mon père : j'ai juré à Marthe de l'épouser.

MADAME MESNAGER

Nous ne sommes pas au bout de nos peines... Mais, où est-elle, Marthe ?

HENRI

Chez le brave Siblequin.

MADAME MESNAGER

Nous pourrions être si heureux... Et mon frère ! Et ma sœur !...

HENRI

Ils ont tout perdu...

MADAME MESNAGER

Mon pauvre frère... victime de sa trop grande confiance !

HENRI

Il est revenu de ses idées d'avenir.

MADAME MESNAGER

Où l'avez-vous quitté ?

HENRI

Nous nous sommes embarqués avant lui... Il reviendra un jour.

MADAME MESNAGER

Ruiné...

HENRI

Qu'importe! Je travaillerai pour Marthe et je lui rendrai la fortune, j'en suis sûr... Je connais les hommes, maintenant.

MADAME MESNAGER

Tu ne connais pas ton père...

SCÈNE IX

ROSALIE, MADAME MESNAGER, HENRI, puis MARTHE.

ROSALIE

Monsieur Henri!

MADAME MESNAGER

Est-ce que mon mari revient?

ROSALIE

Non, c'est... une dame qui désire parler à M. Henri. (Marthe entre.)

MADAME MESNAGER, courant au-devant de Marthe.

Viens, Marthe, que je t'embrasse! Viens au milieu de nous.

MARTHE

Ma tante.

HENRI

Tu peux l'appeler ta mère.

MADAME MESNAGER

Chère Marthe.

ROSALIE, guettant par la fenêtre.

Voilà monsieur sur la place... Il vient par ici.

HENRI

Je cours au-devant de lui.

MADAME MESNAGER

Pas encore, Henri.

ROSALIE

Entrez tous dans la chambre de madame... Madame aussi... que je continue mon traitement de ce matin.

MADAME MESNAGER

Ne le brusque pas.

ROSALIE

N'ayez garde, madame.

HENRI

Pourquoi retarder l'heure de mon pardon?

MARTHE

Si je me jetais au cou de mon oncle!...

ROSALIE

Tout à l'heure... Vite, cachez-vous. (Elle les pousse dans la chambre.)

SCÈNE X

ROSALIE, MESNAGER

MESNAGER

Dites à ma femme de venir me trouver immédiatement.

ROSALIE

C'est que...

MESNAGER, froidement.

A l'instant, vous dis-je!

ROSALIE

C'est singulier... Il paraît plus irrité que ce matin... J'ose à peine lui parler... (Elle sort en appelant.) Madame, madame!

SCÈNE XI

MADAME MESNAGER, MESNAGER
puis HENRI, MARTHE

MADAME MESNAGER

C'est vous, mon ami ?

MESNAGER

J'arrive à propos, n'est-il pas vrai...? Dites à votre fils que je n'aime pas les coups de théâtre.

MADAME MESNAGER

De quel ton vous parlez !

MESNAGER, appelant.

Henri !

HENRI, allant vers son père qui le repousse.

Mon père !

MESNAGER

Pas tant de démonstrations... Vous n'êtes pas seul ici. (Il s'assied.)

HENRI

Marthe est avec moi... Viens, Marthe.

MARTHE

Mon oncle!

MADAME MESNAGER

Que va-t-il se passer?

MARTHE

Henri! quelle froideur!...

MESNAGER, tirant sa montre.

J'ai une heure et demie devant moi.

MADAME MESNAGER

Que veut-il dire?

HENRI

Mon père!

MESNAGER

Plaît-il ?

MADAME MESNAGER, à Marthe.

Je préférais sa colère du matin...

HENRI, prenant la main de Marthe.

Jetons-nous à ses genoux !... (Ils vont jusque vers Mesnager, qui les regarde ironiquement et les repousse.)

MARTHE

Il me glace !

HENRI

Ma mère, si vous parliez pour nous.

MADAME MESNAGER

. Je n'ose, mais je vais essayer... Comment, mon ami, pouvez-vous recevoir ainsi vos enfants après tant de cruelles déceptions...

MESNAGER, se levant et montrant sa montre.

A deux heures, vous aurez toute liberté de par-

ler ; jusque-là, permettez-moi de rester en repos...
(Il se rassied.)

MADAME MESNAGER, bas à Henri et à Marthe.

Je ne l'ai jamais vu ainsi.

MESNAGER

Vous pouvez faire vos réflexions tout haut... il est deux heures.

SCÈNE XII

ROSALIE, MESNAGER, MADAME MESNAGER, HENRI, MARTHE, puis LÉTOCART et AMICIE

ROSALIE

Madame, les voilà tous.

LÉTOCART ET AMICIE, s'élançant vers Mme Mesnager.

Ma sœur ! (Ils s'embrassent.)

MADAME MESNAGER

Vous ici!... Henri ne me l'avait pas dit.

HENRI

Je voulais être seul à recevoir vos reproches.

MARTHE

Mon père, parlez pour nous à mon oncle.

LÉTOCART

Tout est arrangé. Nous l'avons vu ce matin.

MARTHE

Mais cette froideur!...

AMICIE

Il vous ménageait une surprise.

MESNAGER, à Létocart.

Quand je vous ai rencontré ce matin, à la porte du menuisier Siblequin, que vous ai-je dit?

LÉTOCART

Vous nous avez félicités, moi et ma sœur, d'être revenus.

MESNAGER

Certainement : je ne désire pas votre mort sur la terre étrangère.

AMICIE

Et vous vous êtes intéressé à notre propagande... Si nous n'avions pas eu affaire à des gens dévorés d'ambition !...

MESNAGER

Vous auriez réussi...

LÉTOCART

Sans aucun doute.

AMICIE

L'apôtre a été victime d'une conjuration.

LÉTOCART

Des gens décidés à tout...

AMICIE

Qui ne respectent même pas les femmes...

MESNAGER

Vous croyez qu'avec des travailleurs il y avait quelque chose à faire ?

AMICIE

Avec des gens vertueux, l'apôtre eût créé une société idéale.

MESNAGER

Et vous êtes revenus de l'Amérique les yeux non désillusionnés... Pauvres têtes ! Et votre cerveau est encore tiraillé par tous ces vains systèmes ! Et vous croyez bonnement que je vais vivre en votre société !... Et mon fils, qui a abandonné ses parents tout à coup pour vous suivre, s'imagine que je vais l'admettre auprès de moi! Et sa mère, assez faible pour lui pardonner, croit que la famille peut continuer à vivre en paix comme par le passé ! Oh! pauvres gens! Moi le premier... Car je vous ai plaints d'abord... Vous m'avez déchiré le cœur; j'ai pleuré en secret, je me suis senti vieillir en peu de temps... Mais aujourd'hui l'homme a repris le dessus, je veux vivre tranquille et jamais ne me retrouver en votre société. Quoi que vous disiez, de vagues espérances sociales sont en vous; j'ai feint de les partager ce matin pour mieux connaître le fond de votre pensée... M. Létocart et vous, mademoiselle Amicie, vous êtes malades; rien ne pourra vous guérir de vos chimères... Vous chercheriez à les étouffer qu'elles renaîtraient demain... Fous vous avez été, fous vous êtes, fous vous resterez... Toujours vous troublerez la ville par vos aspirations et chacun vous montrera au doigt... Je ne veux pas d'un beau-frère qui soit la risée de la ville. Marthe n'est coupable que d'être la fille de son père. Henri a commis la faute d'aimer la fille d'un homme courant à la recherche de chimères. Ma femme a, pour son fils, toutes les faiblesses d'une mère... Il faut élever une barrière contre vos projets... Si je croyais à une guérison possible, j'essaierais de l'entreprendre ; mais tous les traitements sont inutiles... Restez des coureurs d'utopies...; je vous délivre de mes sentiments arriérés. Je pars... ce soir, vous serez les maîtres ici, mon notaire vous fera connaître mes dernières instructions... Vous agirez alors comme il vous plaira, et ferez de cette maison ce que bon vous semblera. Il va pour sortir. Marthe, Mme Mesnager, Henri, s'élancent sur ses pas.)

HENRI

Mon père !... nous ne partageons pas ces idées, vous le savez...

MESNAGER

Monsieur, vous vous êtes soustrait à l'autorité paternelle.

MARTHE

Mon oncle, n'ai-je pas besoin que vous me serviez de père ?

MESNAGER

Laissez-moi.

MADAME MESNAGER

Après vingt ans de ménage sans trouble, c'est mal, monsieur... Vous me reprochez une coupable faiblesse pour mon fils... Seule, une mère dénaturée se fût associée à vos récriminations...

ROSALIE

Monsieur, laissez-vous toucher.

MESNAGER, regarde Létocart et Amicie, qui restent froids dans un coin.

Non ! (Il sort.)

SCÈNE XIII

LES MESMES, moins MESNAGER

AMICIE

Qu'il s'en aille, cet entêté civilisé.

MADAME MESNAGER

Ma sœur, pouvez-vous parler ainsi !

MARTHE

Que faire pour le toucher ?

ROSALIE

J'avais si bien commencé ce matin.

MADAME MESNAGER

Mon mari ne faiblira pas.

HENRI

Il ne nous reste qu'un parti...

MADAME MESNAGER

Dis vite... lequel?

HENRI, à sa mère.

Tu ne dois pas être victime de nos fautes... Nous partirons... J'ai bien gagné notre vie à tous en Amérique, je continuerai en France... Ma mère restera avec mon père; peu à peu sa colère se dissipera et le calme renaîtra dans ce ménage que nous avons troublé.

MADAME MESNAGER

Et tu crois que je consentirai... (A Létocart.) Mon frère, pouvez-vous songer à quitter de nouveau cette petite ville de Pont-Saint-Pierre, où vous avez été si heureux?

LÉTOCART

Restons ici et ne voyons plus cet homme dur...

AMICIE

Qui n'a d'égards pour personne.

MARTHE

Que deviendrai-je?

HENRI

Est-ce possible que, dans la même ville, un fils vive séparé de son père!

AMICIE

D'ailleurs, il a juré que si nous restions, il partirait.

MADAME MESNAGER

D'un côté, je perds mon fils; de l'autre, mon mari... Ma tête se fend... je ne peux assembler aucune idée.

LÉTOCART

Qui nous tirera d'embarras?

SCÈNE XIV

LES MÊMES, DIGONEAUX

DIGONEAUX

Moi, l'apôtre !

AMICIE

Ah !

MADAME MESNAGER

Encore cet homme, qui a causé tous nos malheurs. (A Henri.) Il était avec vous ?

HENRI

Il s'est accroché à nous au moment du départ... Ma tante ne voulait pas quitter l'Amérique sans lui.

AMICIE

Homme de bon conseil, parlez !

DIGONEAUX

De quoi s'agit-il ?

AMICIE

Mon frère nous repousse loin de lui...

DIGONEAUX

Voilà bien les défenseurs de la famille.

LÉTOCART

Si nous restons, il veut s'en aller.

AMICIE

Faites de cette maison ce que bon vous semble, a-t-il dit.

DIGONEAUX

Il l'a dit ?

AMICIE

Je prends chacun à témoin.

LÉTOCART

Mesnager l'a dit.

DIGONEAUX

Il a bien parlé... La vérité sort à un moment donné de la bouche de ses plus acharnés détracteurs... J'accepte la maison.

MADAME MESNAGER

Vous ne pouvez tenir pour sérieuses des paroles prononcées dans l'emportement.

AMICIE

Il parlait froidement.

DIGONEAUX

Nous acceptons... Cette maison, quoique petite, sera le germe d'une grande communauté.. Tous les jours, assemblées publiques, prêches.. Nous convertirons nos voisins, la rue, le quartier

La lumière se répand dans la ville... Le département s'en émeut, la nouvelle court à Paris, les fidèles accourent ici, la parole du maître se réalise.

HENRI, à sa mère.

Et voilà ce que j'ai entendu pendant un an !

AMICIE

Homme courageux dont rien ne peut détruire les convictions, vous êtes sublime !

MADAME MESNAGER

Mon pauvre Henri, ton père ne revient pas !... J'ai peur qu'il n'exécute son fâcheux projet.

MARTHE

Je vais courir après lui... il ne partira pas...

ROSALIE

Mais que de bruit !...

SCÈNE XV

LES MÊMES, LE COMMISSAIRE DE POLICE

LE COMMISSAIRE, à l'apôtre.

Vous vous nommez Jean Digoneaux ?

DIGONEAUX

L'apôtre.

LE COMMISSAIRE

Au nom de la loi, je vous arrête...

DIGONEAUX

Moi, le sauveur de la société !

AMICIE

Lui, l'homme de conciliation... Il y a erreur...

LE COMMISSAIRE

Jean Digoneaux est accusé par le sieur Brelu d'abus de confiance; en sa qualité de fondateur d'une société non reconnue par la loi, il en aurait dissipé les fonds sans opérer le partage avec ses associés.

AMICIE

Frères indignes! Ils vendent leur père!

DIGONEAUX

Ni Touchard ni Brelu n'ont apporté de cotisation...

AMICIE

Moi et mon frère avons payé leur passage... Parlez, mon frère, que votre témoignage fasse éclater l'innocence de l'apôtre...

LÉTOCART

Ah! ce pays d'Harmonie, capitale Concordia, je m'en souviendrai toute ma vie!

LE COMMISSAIRE

Réduit à la misère, le sieur Brelu a porté plainte contre le sieur Jean Digoneaux... Le préfet a donné l'ordre de l'arrêter. (A l'apôtre.) Veuillez me suivre, monsieur.

DIGONEAUX

Je connaîtrai donc toutes les prisons de France.

AMICIE

Voilà la quarante-septième fois qu'on arrête l'apôtre. Nous le suivrons tous... Létocart, Marthe, préparez-vous.

LÉTOCART

Ma sœur... Encore un voyage ?

AMICIE

Esprit faible, tu hésites...

LÉTOCART, *tombant dans un fauteuil.*

Je suis si fatigué !

MARTHE

Ah ! mon père !

AMICIE

Eh bien, moi, faible femme, je continuerai à m'associer aux efforts de l'apôtre !

MADAME MESNAGER

Ma sœur...

AMICIE

Arrière, madame... nous ne sommes pas du même sexe !

SCÈNE XVI

LES MÊMES, MESNAGER, BRELU, en guenilles.

BRELU, il va vers Digoneaux.

Ma fortune ! Rends-moi ma fortuue !

DIGONEAUX

Cet homme ne sait ce qu'il dit...

BRELU, exalté.

L'apôtre m'a volé ma fortune...

LE COMMISSAIRE, à Digoneaux.

Vous entendez...

DIGONEAUX

Brelu est devenu fou pendant la traversée.

AMICIE

Il n'avait rien; j'ai payé pour lui à son départ.

BRELU

J'ai fait fortune en gagnant les terrains des autres... Je veux mes terrains...

LE COMMISSAIRE

Une pareille scène ne peut se prolonger. (A Digoneaux.) Jean Digoneaux, suivez-moi!

AMICIE

J'accompagne l'apôtre pour témoigner de son abnégation, de ses sentiments généreux. (Mme Mesnager va vers Amicie.)

MESNAGER, à sa femme.

Laissez-la partir, puisqu'elle s'obstine.

HENRI, à Mesnager.

Mon père, ne ferez-vous rien pour la retenir?

MESNAGER

Elle seule s'oppose à notre tranquillité.

MARTHE, à Létocart.

Tâchez de trouver une bonne parole, mon père.

LÉTOCART

Le pays de Concorde m'a coupé la voix et les jambes.

LE COMMISSAIRE, à Digoneaux.

Monsieur, il faut me suivre.

AMICIE

Apôtre, votre bras!

MARTHE, MADAME MESNAGER, HENRI

Restez.

L'APOTRE

En avant, pionnière de l'avenir!

AMICIE, se jetant dans ses bras.

Il m'a appelée pionnière de l'avenir... Partons!

CELA

SERA PEUT-ÊTRE DU THÉATRE

Vers l'année 1900, alors que bien des œuvres magnifiques, très en vedette sur les affiches d'aujourd'hui, seront oubliées, peut-être se rencontrera-t-il un esprit en avant qui cherchera dans le tas des œuvres laissées de côté par les Bottom du XIXe siècle.

Qui sait (moi-même je me laisse volontiers entraîner par une douce utopie) si un initiateur ne se rappellera pas *la Comédie de l'Apôtre!* Les peintures qui en forment le fond sont éternelles; elles vont des Gracques à Babeuf, se continuent de nos jours et subsisteront tant que le monde sera monde.

Le non-style, un vêtement que j'emploie de préférence pour habiller mes personnages, n'offre pas le défaut des broderies et des panaches à la mode du jour si faciles à se faner.

Je ne me suis pas toutefois privé des agréments et des jeux de scène que réclame le théâtre; aussi j'espère que, lors des représentations futures de cet ouvrage, le public me tiendra compte du soin avec lequel ont été réglés le divertissement du troisième acte et surtout le ballet des *Origines de l'homme;* les véritables connaisseurs reconnaîtront indubitablement le respect des maîtres qui plane au-dessus de la partie chorégraphique de cette œuvre et j'avoue, malgré mon peu de respect pour la tradition, qu'en cette matière je me suis souvenu des classiques enseignements du regretté monsieur Petipas.

En 1900, *la Comédie de l'Apôtre,* qui ne se rattache à aucun système, à aucune école, paraîtra peut-être plus moderne qu'en 1886, date de sa publication.

C'est pour ces raisons, et non par taquinerie,

qu'on a introduit dans l'épilogue le tableau des personnages, qui n'avait que faire à la suite de *Ceci n'est pas du théâtre*.

PERSONNAGES

JEAN DIGONEAUX, apôtre.
LÉTOCART, bourgeois.
MARTHE, fille de Létocart.
AMICIE, sœur de Létocart.
MESNAGER, beau-frère de Létocart.
MADAME MESNAGER.
HENRI, fils de Mesnager.
ROSALIE, servante des Mesnager.
TRAPADOUX, philosophe.
GROLIG, chimiste.
FLAMME, magnétiseur.
SIBLEQUIN, serrurier.
TOUCHARD, ouvrier.
BRELU, ouvrier.
UN COMMISSAIRE DE POLICE.

Et maintenant que j'ai élevé non sans peine tout ce petit monde, je le laisse attendre patiemment l'année 1900 où il se montrera, il faut l'espérer, avec la modeste assurance que commande une longue expérience des choses.

TABLE

		Pages.
	Ceci n'est pas du théatre	v
I.	Quelques amis du progrès a Pont-Saint-Pierre.	1
II.	Le partage des terres dans la Société nouvelle..	121
III.	Une élection dans le pays d'Harmonie	197
IV.	Retour au foyer.	265
	Cela sera peut-être du théâtre	337

Paris. — Typ. Ch. UNSINGER, 83, rue du Bac.

LIBRAIRIE DE E. DENTU, ÉDITEUR

LIVRES D'AMATEURS

ARSÈNE HOUSSAYE. — *Molière, sa femme et sa fille*, 1 vol. in-folio illustré de gravures et eaux-fortes. . . . . 100 »

— *Histoire du 41ᵉ fauteuil de l'Académie française*, nouvelle édition, ornée de portraits et vignettes, 1 vol. in-8º, sur papier de Hollande. 20 »

EDMOND ET JULES DE GONCOURT. — *Sophie Arnould*, d'après ses mémoires et sa correspondance, 1 vol. petit in-4º, avec portraits et fac-similé. . . . . 10 »

— *L'amour au XVIIIᵉ siècle*, 1 vol. in-16, avec eaux-fortes. . . 10 »

— *La Saint-Huberty*, d'après ses mémoires et sa correspondance, par Ed. de Goncourt, 1 vol. in-16, avec vignettes et eaux-fortes. . 8 »

JULES CLARETIE. — *Un enlèvement au XVIIIᵉ siècle*, d'après des documents tirés des Archives nationales, 1 volume in-16, avec eaux-fortes de Lalauze. . . . . 10 »

CHAMPFLEURY. — *Histoire de la caricature*, 5 vol. gr. in-18 jésus, ornés de 500 vignettes. . . . . 25 »

— *Henry Monnier, sa vie et son œuvre*, 1 vol. in-8º, orné de 100 gravures, fac-similé. . . . . 10 »

— *Les Vignettes romantiques*, histoire de la littérature et de l'art, de 1825 à 1840, 1 volume gr. in-8º jésus, orné de 150 gravures, fac-similé. . . . . 50 »

EMMANUEL GONZALÈS. — *Les Caravanes de Scaramouche*, suivies de *Giangurgolo* et de *Maître Rageneau*, avec une préface par Paul Lacroix, 1 vol. in-16, avec vignettes et eaux-fortes, encadrement en couleur. 10 »

ÉDOUARD FOURNIER. — *Histoire des Enseignes de Paris*, revue et publiée par le Bibliophile Jacob, 1 fort vol. in-8º écu, orné de 84 dessins gravés sur bois. . . . . 10 »

CATULLE MENDÈS. — *Pour lire au bain*, avec 150 dessins de Besnier, 1 vol. in-8º. 30 »

AUGUSTE SAULIÈRE. — *Ce qu'on n'ose pas dire*, 1 vol. gr. in-18 jésus, orné de 50 vignettes et 10 eaux-fortes de Henry Somm. . . . 10 »

HENRY MONNIER. — *Scènes populaires* dessinées à la plume, nouvelle édition, illustrée de 80 dessins de l'auteur, 2 vol. in-8º de chacun 650 pages. 20 »

CHARLES VINCENT. — *Chansons, Mois et Toasts*, précédés d'un Historique du Caveau par E. Dentu, 1 vol. in-8º, avec portraits et vignettes à l'eau-forte par Le Nain. . . . . 10 »

Paris. — Charles UNSINGER, imprimeur, 83, rue du Bac.

www.ingramcontent.com/pod-product-compliance
Lightning Source LLC
Chambersburg PA
CBHW050308170426
43202CB00011B/1817